Dans la même collection

Le Louvre - Le musée d'Orsay - L'impressionnisme
L'art égyptien - L'art africain - L'art islamique
Picasso - Matisse - Paris - L'art moderne
L'art contemporain - Le design
L'art brut - L'art des grottes - L'art des Papous
L'art bouddhique - La photographie (1839-1960)
Le surréalisme

En couverture :
Alberto Giacometti (1901-1966). *Femme debout II* (1959-60).

ISBN 2-86656-138-4 Éditions Scala

TABLEAUX CHOISIS

La sculpture moderne

au Musée national d'art moderne

Itzhak Goldberg
Françoise Monnin

EDITIONS SCALA

Centre Georges Pompidou

Remerciements

Les Éditions Scala assurent de leur gratitude tous les artistes, photographes, musées et galeries qui ont généreusement cédé leurs droits de publication pour une meilleure connaissance de la sculpture moderne.

Toutes les œuvres reproduites proviennent de la collection du Musée national d'art moderne à l'exception de celles dont la provenance est précisée.

Sommaire

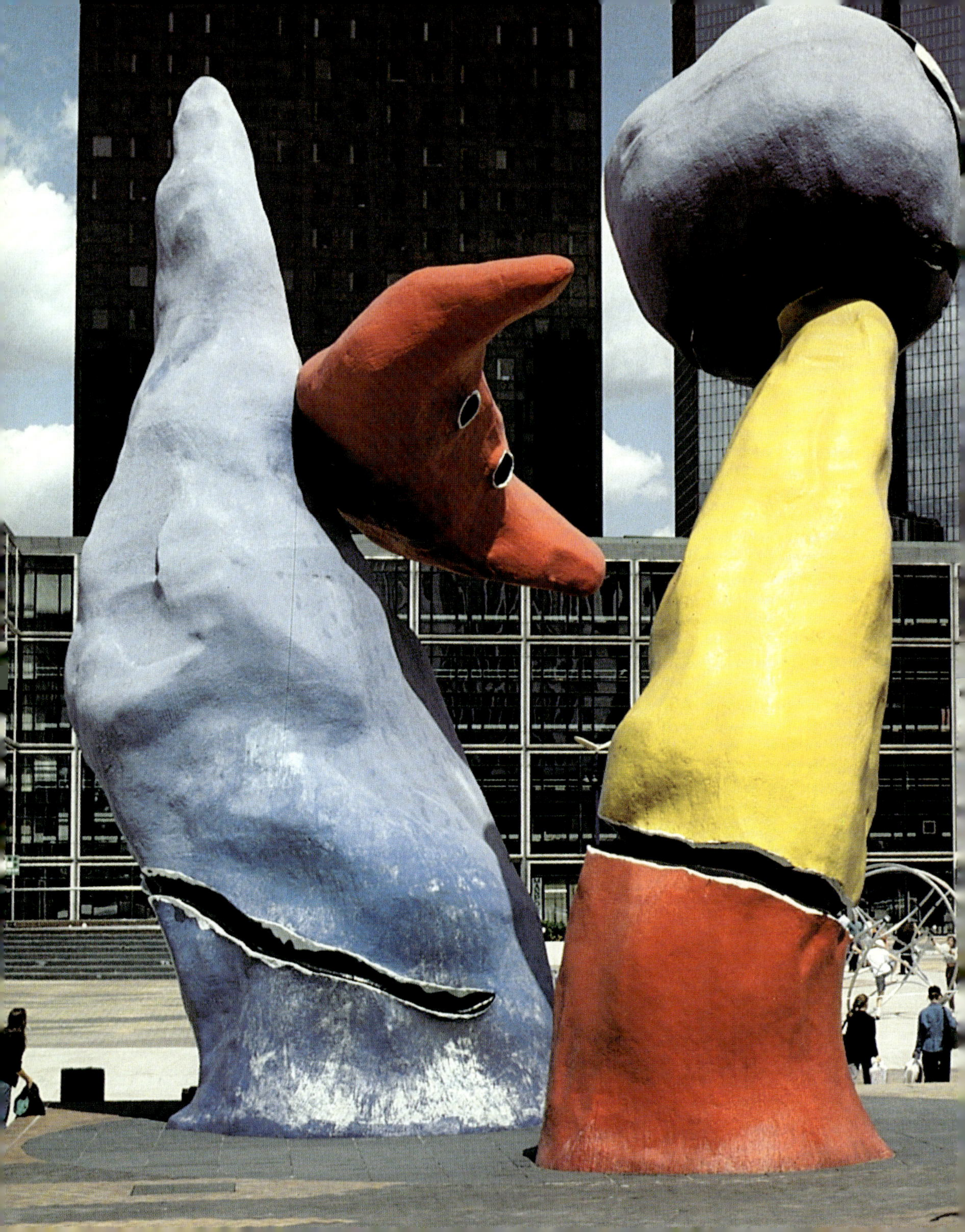

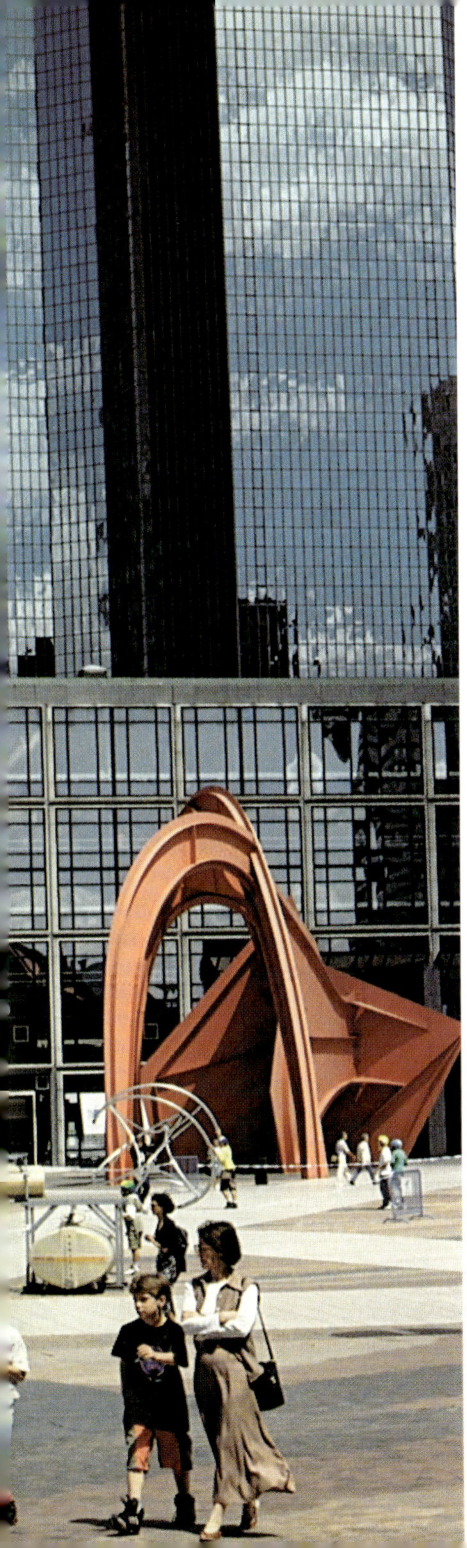

La modernité en trois dimensions

Si l'art moderne bénéficie aujourd'hui en France de plusieurs centaines de lieux d'exposition, très peu d'entre eux consacrent leur espace à la sculpture. Imposante, intimidante, cette partie essentielle de la création du XXe siècle reste à apprivoiser.

◄ L'esplanade de La Défense, dans la banlieue parisienne : un *Dialogue* de Miró (1980) au premier plan et un *Stabile* de Calder (1986) derrière.

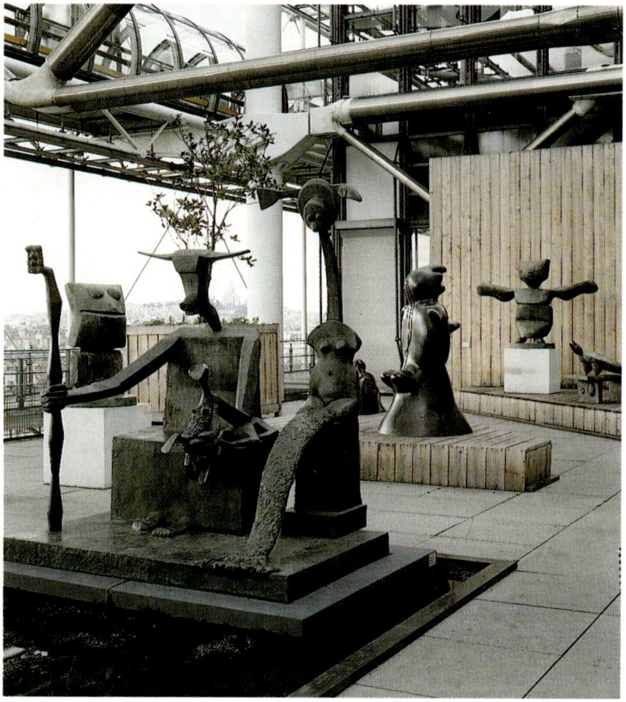

◄ Le Musée national d'art moderne présente à Paris une partie de sa collection de sculptures sur une terrasse extérieure du Centre Georges Pompidou.

Les lieux de la sculpture en France

Pauvre sculpture ! Lourde, grande, dense, présente... Souvent perçues comme des compromis entre l'architecture et la peinture, définies à mi-chemin entre la très petite maison et l'image trop épaisse, les sculptures indisposent. Vaut-il mieux les perdre en plein air ou les enfermer dans un musée ? Elles dérangent. La preuve : le pourcentage minime de leur volume, de leur budget, de leurs expositions et de leurs publications que les centres d'art français réservent aux œuvres en trois dimensions ! En accord avec l'activité des marchands (de tableaux) et le choix des collectionneurs (de peinture), les décisions des conservateurs de musée font la plupart du temps abstraction des formes pleines, compliquées à photographier, autour desquelles il faut laisser le spectateur évoluer. Souvent entrées au musée grâce à la donation d'une veuve d'artiste, la plupart des sculptures, soclées sans conviction, sont vouées à habiller un angle de salle ou à marquer un axe d'orientation.

Plus que toute autre forme d'art, la sculpture demande à l'homme de rester debout et de prendre du recul, d'adopter une attitude de contemplation active seyant mal aux habitudes occidentales de notre fin de millénaire. La législation française a bien promulgué un certain nombre de lois, afin de remédier à la misère des sculpteurs. Depuis 1875, la commande publique existe. Depuis 1983, elle dispose d'un budget de plusieurs millions de francs. Un pour cent du coût des constructions scolaires, universitaires et ministérielles doit d'autre part, depuis 1951, être consacré à des œuvres d'art spécialement conçues pour les lieux en question. Faut-il par conséquent les visiter les uns après les autres pour

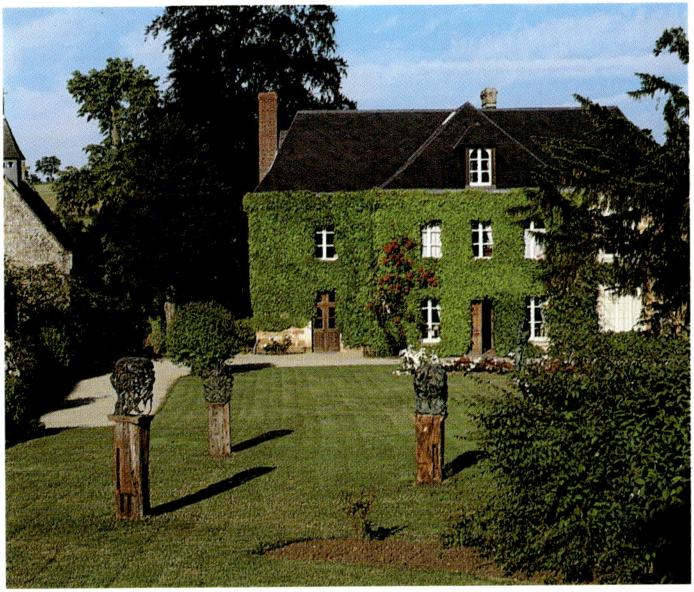

◄ Le prieuré Saint-Michel, à Crouttes : exposition Sobocinski, été 1994.

connaître la sculpture moderne ?
Quelques superbes collections offrent heureusement aux amateurs d'histoire une vision synthétique : le Musée national d'art moderne à Paris, deux musées municipaux, quatre centres d'art et trois espaces urbains. De nombreux jardins privés proposent également, depuis une dizaine d'années, de nouvelles perspectives aux artistes. Leurs ateliers et leurs musées particuliers demeurent toutefois les lieux privilégiés où la sculpture se laisse apprivoiser.
Plusieurs centaines de sculptures, progressivement achetées, figurent dans la collection du **Musée national d'art moderne**, ouvert en 1977.
Spécifiquement confié au conservateur Margit Rowell dans les années 80, le « département sculpture » du centre Pompidou est aujourd'hui intégré à l'ensemble de la collection, afin de garantir l'harmonie des achats et des accrochages. Accueilli par une série de bronzes de Matisse, le visiteur du musée évolue, chronologiquement, parmi les volumes futuristes et cubistes, puis les maquettes constructivistes et les objets surréalistes, avant de rencontrer les

Le quai Saint-Bernard, à Paris, été 1995. ►

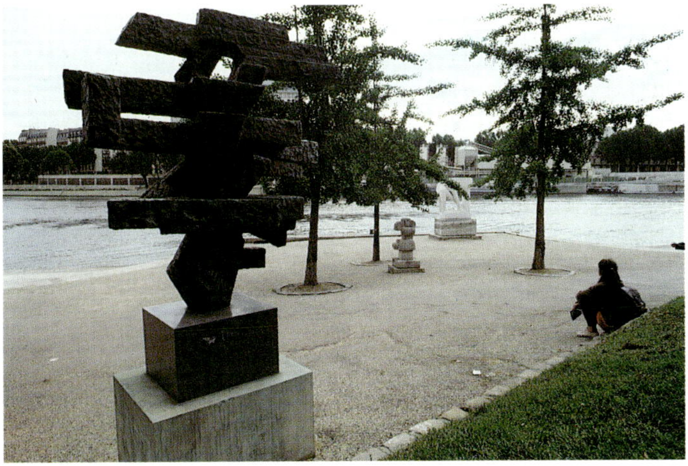

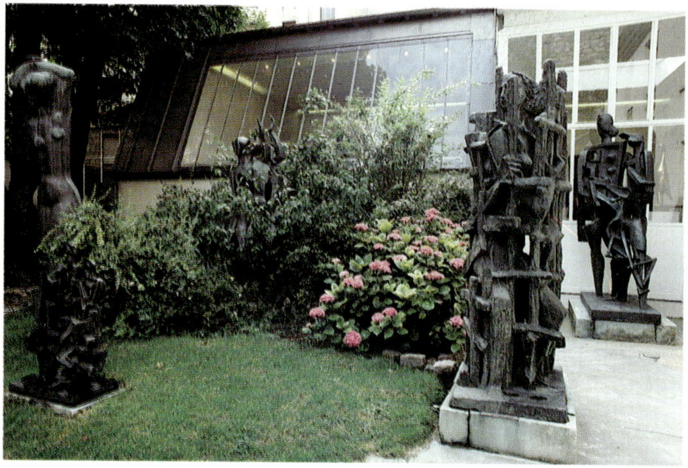

Le musée Zadkine, à Paris, été 1995.

chefs-d'œuvre de Brancusi, les bronzes de Giacometti, les machines de Tinguely et les installations signées Raynaud ou Beuys. Une terrasse aménagée permet également de découvrir Ernst et Miró sur fond de panorama parisien.

Au **musée de Grenoble** (fondé en 1920), le plus ancien musée consacré en France à l'art moderne, les sculptures monumentales abondent : Calder, Zadkine, Di Suvero... En 1994, l'édification d'un nouveau bâtiment a permis l'ouverture d'un parc de sculptures, où des commandes municipales confiées à Caro, Chillida ou Marta Pan sont venues grossir les rangs des premiers achats. De quoi rivaliser avec le parc paysager qui ceint le **musée d'art moderne de Villeneuve-d'Ascq**, près de Lille ! On s'y promène entre les œuvres de Calder, de Lipchitz, de Deacon, de Dodeigne, de Flanagan... Les acquisitions du musée dialoguent avec des dépôts du Musée national d'art moderne.

À **Kerguéhennec** en Bretagne, dans un parc dessiné au XIXe siècle autour d'un château classique, un centre d'art ouvert en 1986 sur une idée de Françoise Chatel se développe. Chaque année, des

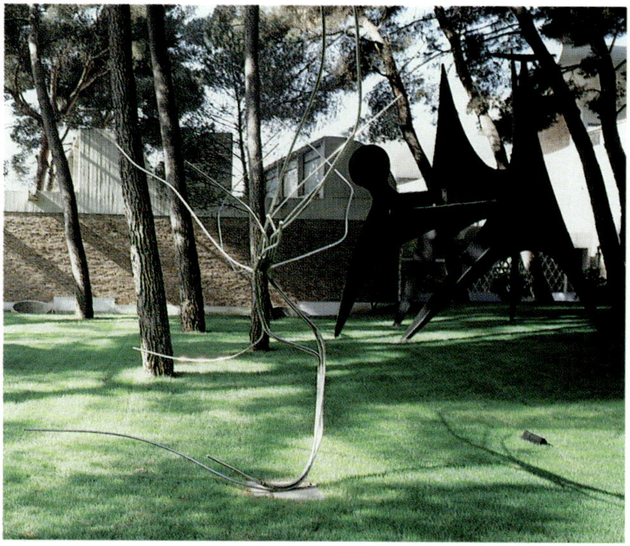

La Fondation Maeght, à Saint-Paul-de-Vence, en 1990.

sculpteurs contemporains reçoivent la commande d'une œuvre monumentale, financée par l'État, le département et la région associés : Marta Pan, Hadju, Richard Long dont la sculpture fût emportée par une tempête en 1987, Morellet, Zorio, Toni Grand... Sur une île du lac de **Vassivière**, près de Limoges, un autre centre d'art contemporain, ouvert en 1991 d'après les idées de Dominique Marchès, invite les plus audacieuses vedettes actuelles à investir le parc de 70 hectares : 22 d'entre elles, dont Goldsworthy, Vilmouth et Pistoletto, ont déjà installé une œuvre monumentale, sous les sapins ou au bord de l'eau. Au **Crestet**, en Provence, depuis dix ans, le centre d'art organise, autour de l'œuvre de l'académicien Stahly et de celles de ses amis, des colloques et des publications consacrés à la sculpture. Au **Creux de l'Enfer** enfin, dans une ancienne usine coutelière de la vallée de la Durolle convertie en centre d'art en 1985, ce sont des sculpteurs vivants, passionnés par le métal, qui laissent chaque année de nouvelles traces : Oppenheim, Raynaud, Skoda...

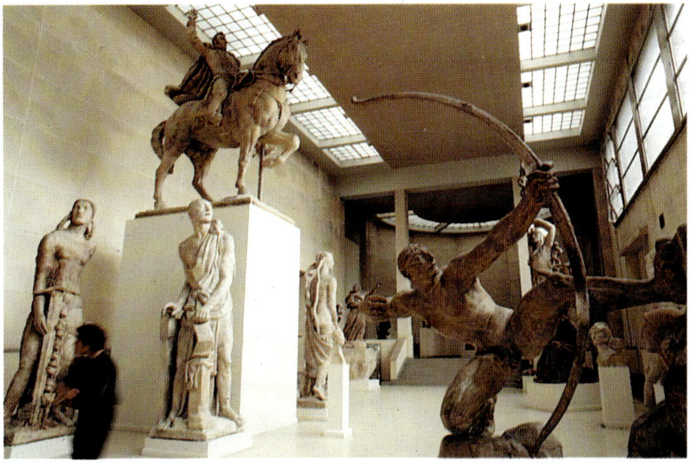

▲
La salle principale
du musée Bourdelle, à Paris, été 1995.

Et les jardins publics ? L'allure parfois hermétique ou aggressive de certaines œuvres peut y provoquer, en milieu urbain, de vives réactions. La moitié des œuvres de la collection installée **quai Saint-Bernard**, au bord de la Seine, par la Ville de Paris dans les années 70, est abîmée. Seules les œuvres de granit, de bronze et de béton armé, signées Pazzi, Parvine Curie, Cardenas ou Etienne Martin, résistent. Les récentes expositions temporaires organisées par la Ville dans les Jardins de Bagatelle (Moore) ou sur les Champs-Elysées (Botero) semblent être une meilleure idée. Pas nouvelle : de nombreuses cités méditerranéennes et normandes proposent depuis les années 50 des salons, des symposiums et des festivals annuels de sculpture qui confrontent avec bienveillance les œuvres d'artistes locaux avec celles de créateurs internationalement reconnus.

Dans le **parc de La Courneuve**, en banlieue de la capitale, quelques sculptures modernes jalonnent l'espace vert : Pontoreau, Kenny, Yamada... Chaque année, de mai à octobre, la ville invite

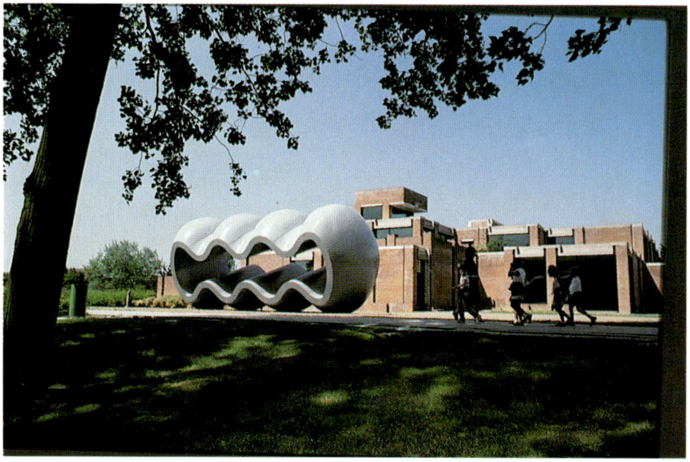

Le parc du musée d'art contemporain de Villeneuve-d'Ascq, en 1990.

d'autres sculpteurs à montrer une œuvre. Ce *Festival Art Grandeur Nature* connaît régulièrement des déboires : Plexiglas brisés, cartons arrachés, figures féminines agressées... Sans doute est-ce l'**esplanade de La Défense**, en banlieue parisienne, qui présente aujourd'hui, de la manière la plus judicieusement intégrée à l'architecture, la sculpture contemporaine : 65 œuvres, gérées par l'établissement public pour l'Aménagement de la région de La Défense créé en 1958, se dressent entre les immeubles d'affaires et les boutiques de commerce. La plus ancienne ? Un bronze signé Barrias, érigé en 1883, en souvenir de la défense de Paris. C'est lui qui a donné son nom à la cité. La plus spectaculaire ? Un immense stabile de Calder, peint en rouge, étirant sa carcasse de métal au travers de l'esplanade centrale, tel un paisible dinosaure entre les pattes duquel les habitués du quartier vont et viennent quotidiennement. Agam, Caro, César, Miró, Morellet ou Takis ont également édifié des monuments spectaculaires, dont les profils contemporains dialoguent admirablement avec le cadre transparent ou métallique des immeubles environnants.

À Vence, près de Nice, la **Fondation Maeght,** inaugurée en 1964, aligne

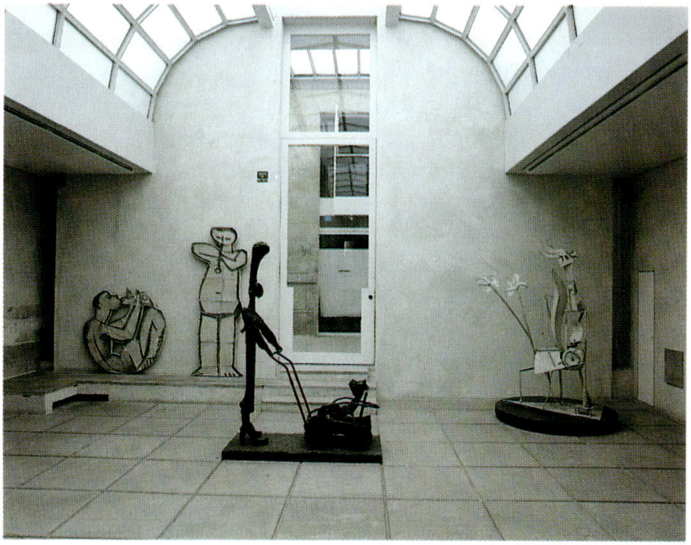

Une salle du musée Picasso, en 1994.

Les *Sept Colonnes à Stéphane Mallarmé* ►
signées Hajdu (1971), présentées
au domaine de Kerguéhennec
depuis 1992.

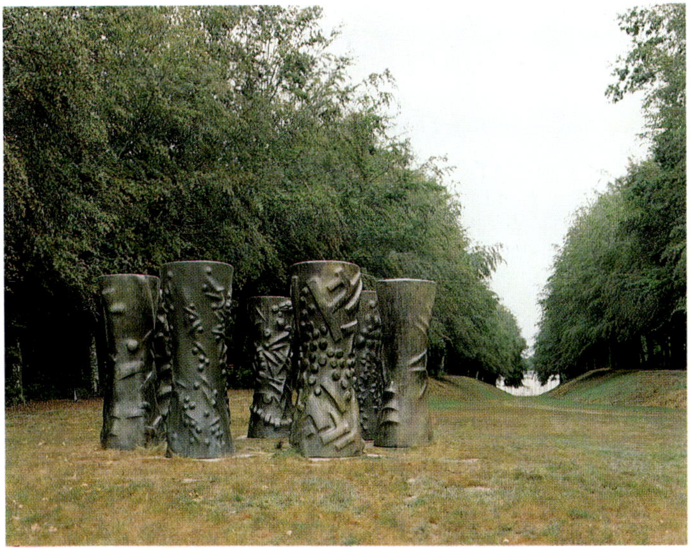

dans ses jardins et ses salles d'exposition un ensemble de 35 bronzes signés Giacometti, 140 sculptures de Miró, des Gonzalez, des Arp, des Calder, des Chillida… Autant d'œuvres d'artistes ayant travaillé sous contrat avec la célèbre galerie parisienne d'Aimé Maeght.

Inspiré par son exemple, son voisin à Vence, le château centenaire de **Notre-Dame-des-Fleurs** est depuis deux ans consacré à la sculpture par ses nouveaux propriétaires, les marchands Marianne et Pierre Nahon. Arman, César, Niki de Saint-Phalle et le souvenir de Tinguely investissent petit à petit le jardin, ses fontaines et sa chapelle. En matière de collections privées, les propriétaires de petits châteaux ou de monastères avec parcs, notamment au bord de la Méditerranée et en Normandie, sont de plus en plus tentés par la présentation temporaire de sculptures. La splendeur et l'intimité de tels lieux favorisent la rencontre du public, autorisé à se promener autour des œuvres.

C'est dans les ateliers des artistes que la mesure et l'intérêt de leur ouvrage demeure toutefois la plus lisible. En léguant ses murs et tout ce qu'ils contenaient, jusqu'au moindre de ses outils, à l'État français, Constantin Brancusi a donné en 1957 un exemple. À Paris, rien ne vaut désormais de découvrir dans leurs meubles et dans leurs jardins les œuvres de Rodin et de Zadkine ; à Meudon, on peut marcher dans les pas de Arp et à Saché, dans ceux de Calder. Quant à Maillol, Bourdelle et Picasso, si les verrières de leurs ateliers demeurent inaccessibles, les œuvres qu'ils ont sculptées sont aujourd'hui présentées dans trois somptueux musées parisiens portant le nom des trois artistes. Aménagés au courant des dix dernières années, le musée Picasso appartient à l'État, le musée Bourdelle à la Ville de Paris et le musée Maillol à son héritière, le modèle Dina Vierny.

Plus ou moins heureuses, toutes les expériences menées autour de la sculpture au XXe siècle ont contribué au réveil d'un intérêt général aujourd'hui, enfin, évident.

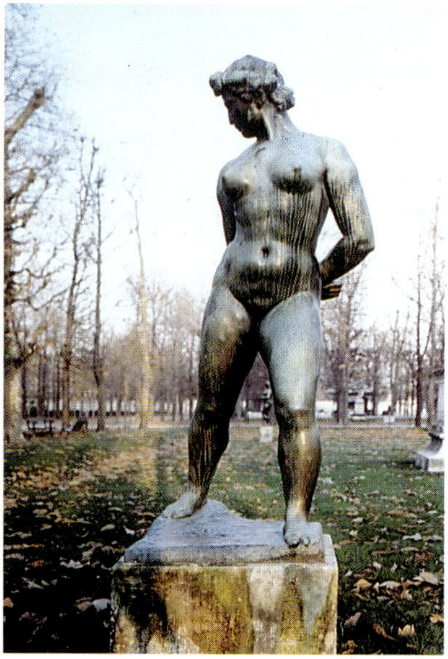

Aristide Maillol ►
(1861-1944).
L'Action enchaînée
(1905).
Bronze : 215,5 cm.
Jardin des Tuileries,
Paris.

Le sujet de prédilection de l'artiste, le nu féminin aux volumes ronds et pleins, se présente sous la forme d'un corps plus robuste que gracieux, qui rappelle les allégories de la fécondité de la Grèce pré-classique.

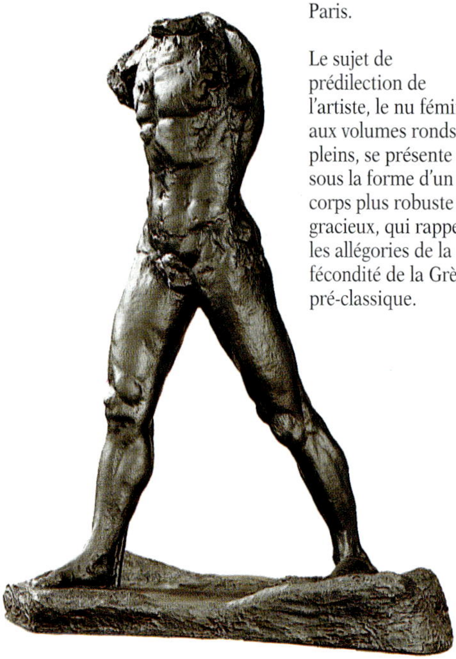

▲
Auguste Rodin
(1840-1917).
L'homme qui marche
(1877-1900).
Bronze :
213 x 161 x 72 cm.
Musée Rodin, Paris.

La précarité de la situation de la figure dans l'espace, le refus d'une plasticité lisse, les volumes ravinés, l'importance du fragment créent une forte expressivité qui creuse un écart entre l'artiste français et le modèle de la statuaire grecque.

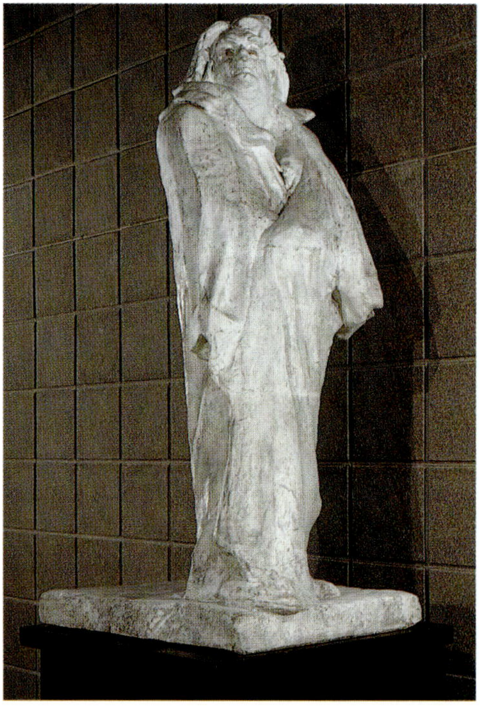

Auguste Rodin ►
Honoré de Balzac
(1896).
Plâtre :
275 x 121 x 132 cm.
Musée d'Orsay, Paris.

Il fallut attendre 1939 pour voir *Honoré de Balzac* occuper sa place, à Paris, au carrefour Raspail-Montparnasse. La Société des Gens de Lettres qui l'avait commandé refusa en effet de tenir ses engagements.

Les frémissements de la modernité

Étrange destin que celui de la sculpture, considérée comme une parente pauvre de la peinture. On le sait, l'histoire de l'art moderne est surtout une histoire des mouvements picturaux, la sculpture jouant apparemment le rôle d'une simple caisse de résonance des changements plastiques imposés par les peintres. Il existe, bien sûr, des exceptions : Rodin, Brancusi, Giacometti, Calder n'ont eu de cesse de proclamer l'autonomie de leur art. La sculpture reste toutefois peu ou mal montrée et son histoire subit la domination d'une esthétique marquée par l'univers pictural. La sculpture n'a jamais eu son Maurice Denis pour affirmer qu'avant d'être un quelconque objet, une femme ou un cheval de bataille, elle était un ensemble de matériaux modelés, taillés, ou en un certain ordre assemblés.

La situation ne date pas d'aujourd'hui. La supériorité de la peinture, considérée comme un art intellectuel, est légitimée par son aspect immatériel. La forme atteint son essence quand elle se détache de la matière, déclare la philosophie. La sculpture, qui traduit directement la forme en matière et en volume, est traditionnellement perçue comme un art moins spirituel. Pourtant, ce prétendu défaut de la sculpture, sa soi-disant lourdeur, fait toute sa force. La sculpture, peinture accessible aux aveugles, attire aussi bien la main que l'œil.

L'intensité de sa présence, qui crée un espace d'intimité entre l'objet et le spectateur, suscite souvent notre désir de toucher la sculpture, voire de l'étreindre, comme Pygmalion sa statue. Pour la sculpture, bien plus que pour la peinture, la figure humaine reste la préoccupation essentielle. La ronde-bosse est une méditation sur le corps.
Hegel considère la sculpture comme « l'art de l'idéal classique par excellence ». Ce corps sculpté, dans sa perfection formelle inspirée de l'Antiquité,

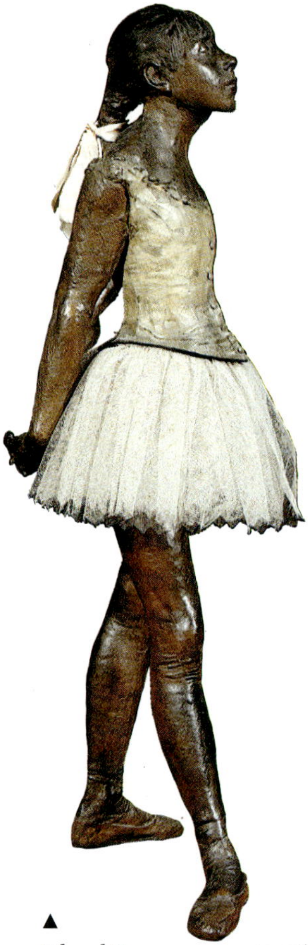

Paul Gauguin
(1848-1903).
Idole à la coquille
(1893).
Bois, nacre et os :
34,4 x 14,8 x 18,5 cm.
Musée d'Orsay, Paris.

« La grosse erreur c'est le Grec, si beau qu'il soit », écrit Gauguin, qui remplace un classicisme consacré et immuable par des formes plus rustiques, étrangères au répertoire de la sculpture occidentale. Les positions et les proportions inhabituelles, un environnement spirituel archaïque et la technique de la taille directe situent une sculpture comme *L'Idole à la coquille* entre le populaire et le rituel.

► 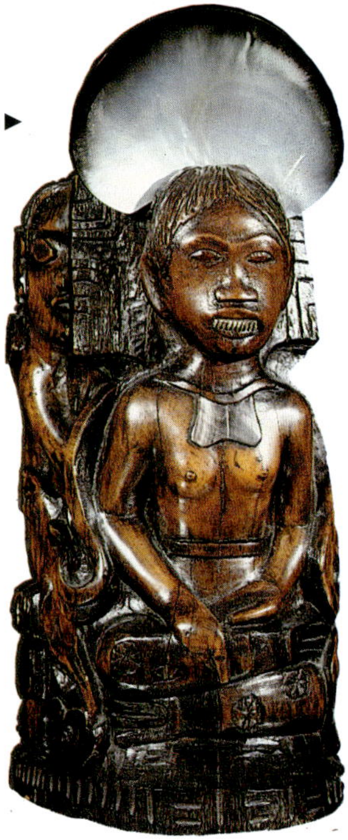

▲
Edgard Degas
(1834-1917).
Petite Danseuse de quatorze ans
(1880-1881).
Bronze et tissu :
90 cm.
Musée d'Orsay, Paris.

Le mouvement reste la préoccupation essentielle de Degas. Sa danseuse est un exemple d'un corps traité en arabesque. « La seule tentative vraiment moderne dans la sculpture », écrit à son propos le poète Huysmans.

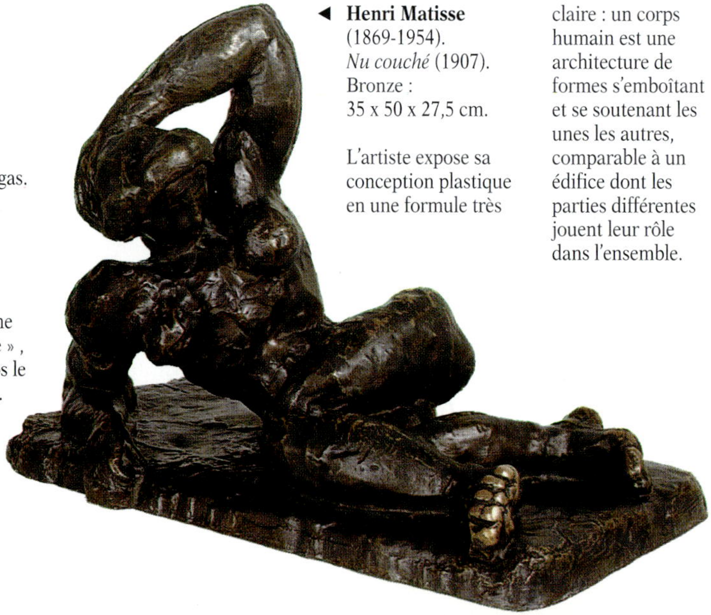

◄ **Henri Matisse**
(1869-1954).
Nu couché (1907).
Bronze :
35 x 50 x 27,5 cm.

L'artiste expose sa conception plastique en une formule très claire : un corps humain est une architecture de formes s'emboîtant et se soutenant les unes les autres, comparable à un édifice dont les parties différentes jouent leur rôle dans l'ensemble.

perdure encore au XIXe siècle et devient le lieu de passage de la modernité pour des artistes aussi différents que Rodin, Gauguin ou Matisse. Si l'impact de Rodin domine la fin du siècle, c'est qu'il se fait le porte-parole des artistes de son temps (Maillol, Camille Claudel, Bourdelle...), situés dans l'entre-deux de l'ancien et du nouveau. Rodin propose plutôt une rénovation radicale qu'une rupture.

« Je marche dans l'antiquité la plus reculée. Je veux relier le passé au présent, reprendre le souvenir, juger et arriver à compléter », affirme Rodin. Le réalisme de son *Homme qui marche* s'éloigne de l'aspect atemporel et de l'équilibre figé de la statue classique. Ses surfaces ne sont pas polies et l'on perçoit les traces des accidents de cuisson, des débordements de la matière. Ce n'est plus une figure idéalisée, à la musculature parfaite, mais un corps en mouvement dont les gestes en puissance représentent une vitalité nouvelle. L'inachèvement des surfaces renforce ce sentiment.
Rodin conçoit des figures anatomiques volontairement inachevées. De même, Maillol, avec *L'Action enchaînée,* fait du fragment une œuvre. C'est un modèle archaïque d'une sensualité païenne, libéré du corset des canons de la beauté traditionnelle. L'art de Maillol et de Rodin s'éloigne de la tradition classique sans la remettre radicalement en question.

La *Petite Danseuse* de Degas prend des distances plus marquées avec toute vision idéalisée. Aucune trace chez elle de symbolisme ou de littérature. L'expression d'une idée, d'une passion, cède la place au compte rendu d'une réalité banale. Ce personnage fétiche de Degas rompt avec les traditions antérieures. Modelée dans la cire, habillée de matériaux variés et pour certains, empruntés au réel (un tutu en dentelle, un ruban de soie), la jeune fille au visage lourd et vide d'expression se situe aux antipodes du héros classique caractérisé par un corps ferme, bravant le monde d'un geste ouvert, contrôlant son environnement. Ancêtre de l'assemblage, qui apparaîtra quelques décennies plus tard, la danseuse de Degas remet en question la sculpture conçue comme un seul bloc monolithique. La figure entière est directement ancrée dans la matière. Le geste de l'artiste n'est plus celui d'un créateur à l'image romantique, qui fait jaillir la forme d'un magma informel, mais bien celui de quelqu'un de nouveau qui, à l'instar d'un bricoleur, réunit, articule et métamorphose.

Ernst Ludwig Kirchner ►
(1880-1938).
Femme qui danse (1908).
Bois peint :
87 x 35,5 x 27 x 5 cm.
Stedelijk Museum,
Amsterdam.

La facture lisse cède la place à un traitement à peine dégrossi, l'empreinte de l'artiste se lit dans la matière rugueuse.

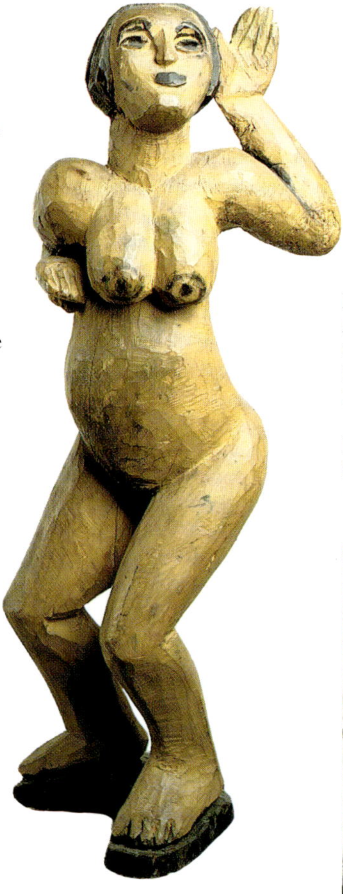

Henri Matisse
Nu de dos, III
(1916-1917).
Bronze :
190 x 114 x 16 cm.

Les personnages de Matisse, des figures monumentales, des masses brutes qui laissent apparentes les traces d'outils, « tournent le dos » à la fois au réalisme et au classicisme.
▼

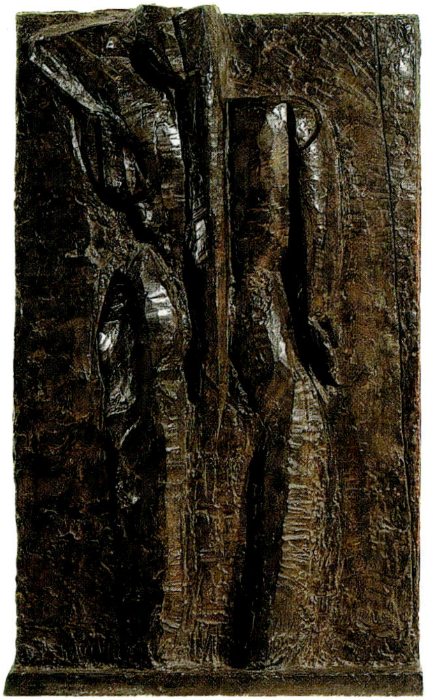

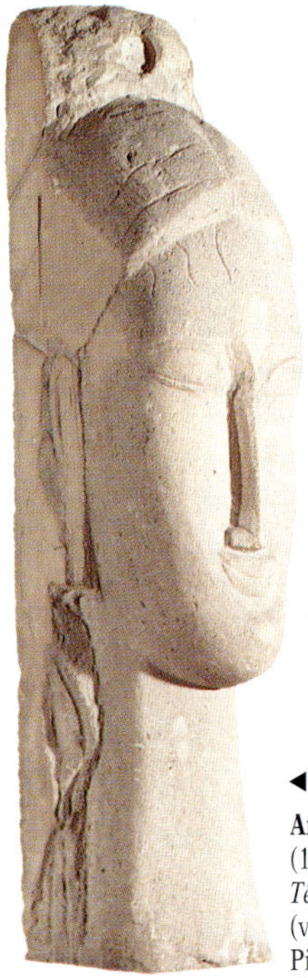

◄
Amadeo Modigliani
(1884-1920).
Tête de femme
(vers 1912).
Pierre :
58 x 12 x 16 cm.

Qu'il s'agisse de statues de l'île de Pâques, de bas-reliefs des temples javanais, de figures cycladiques ou de masques ibères, il y a évasion dans le temps et dans l'espace. La *Tête* de Modigliani s'inscrit dans la quête occidentale des sources du primitivisme.

La découverte progressive, dès la fin du XIXe siècle, de l'art autre que celui consacré par la culture occidentale permet à la sculpture d'effectuer sa véritable révolution formelle. Le terme primitif, employé sans distinction pour des arts tribaux d'Afrique et d'Océanie, reste vague mais permet de comprendre l'aspiration recherchée par des artistes aussi différents que Gauguin, Picasso ou Matisse. Ces créateurs partagent le rêve de faire table rase de la tradition européenne et d'effectuer un nouveau départ, inspiré par des civilisations non usées par le monde contemporain. Si le nom de Gauguin se détache, c'est qu'il est le premier à matérialiser ce rêve (dès 1892, il séjourne à Tahiti). Grâce aux figures magiques et barbares, évoquant de séduisantes religions exotiques, l'artiste se construit une légende.
Son œuvre aura un impact essentiel sur la génération des artistes qui le suivent. Symboliquement, la rétrospective Gauguin à Paris date de 1906, l'année de la découverte des statues africaines par Matisse, Derain et Picasso au musée de l'Homme, à Paris, et par les expressionnistes allemands au musée anthropologique de Dresde. Ces derniers sont avant tout attirés par la sculpture en bois, qui leur permet de renouer avec une technique répandue au Moyen Âge et d'évoquer un monde préindustriel. Les sculptures de Kirchner et de Schmidt-Rottluff renoncent à l'élégance de la forme et cherchent un aspect direct et brutal.

L'importance du non-fini, inspiré par un certain primitivisme, trouve son aboutissement avec les *Dos* de Matisse. Ses libertés plastiques prises dans le traitement du corps rompent les liens avec les deux tendances majeures qui caractérisent la production sculpturale du XIXe siècle : la précision anatomique et la vision idéalisée. La série des *Dos,* sculptée par Matisse entre 1909 et 1930, met en place un principe essentiel de la sculpture moderne : ce n'est plus la ressemblance qui est en jeu mais une expression subjective, une vision, une idée, qui se concrétise sous des formes de plus en plus simplifiées, proches de l'abstraction.
Tout est en place pour que les interrogations spécifiques de la sculpture du XXe siècle émergent : le plein et le vide, le géométrique et l'organique, l'art et la technique industrielle, la réversibilité du contenant et du contenu, la porosité des frontières entre l'œuvre et son milieu...

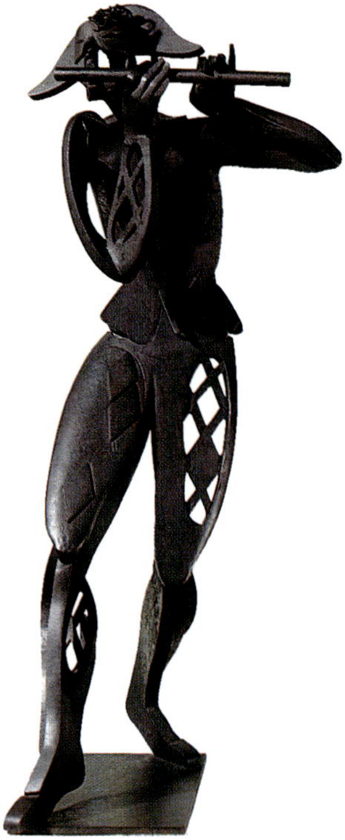

Naum Gabo ►
(1890-1977).
Tête construite n° 2
(vers 1916-1923).
Matière plastique :
43,2 x 31 x 31 cm.
Dallas Museum of
Art, Dallas.

Le visage ne cache plus de secrets. Devenu un objet comme un autre, il laisse la lumière le traverser grâce à la transparence de sa matière.

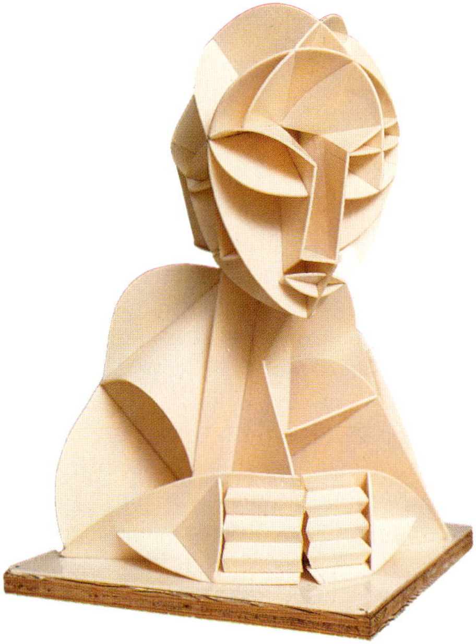

▲
Pablo Gargallo
(1881-1934).
Arlequin à la flûte
(1931).
Fer : 98 x 42,5 x 41 cm.

Le corps humain devient une armature, le volume est remplacé par le creux.

Anthony Caro ►
(né en 1924).
Shuttle (la Navette)
(1974).
Acier rouillé et vernis :
195 x 241 x 245 cm.
Musée des beaux-arts,
Calais.

Réalisée à partir de grandes feuilles d'acier laminé et de cinq plaques oblongues qui se détachent, cette « navette » atteint un équilibre en évitant tout sentiment de lourdeur.

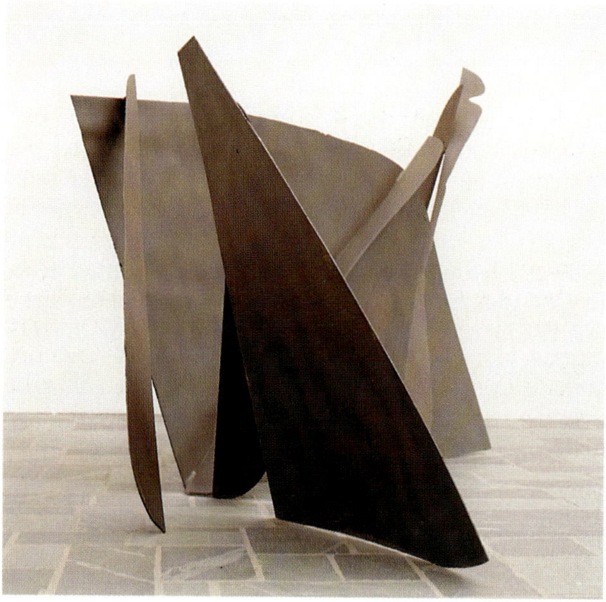

Les nouvelles matières

Traditionnellement soumis au regard, nous accordons moins d'importance au toucher. Depuis quelques années, les départements sculpture de plusieurs musées organisent des visites conçues pour les non-voyants que nous ferions tous bien de suivre. Les mains qui « regardent » suivent un parcours qui étonne les visiteurs habitués à la perception visuelle, au balayage effectué par l'œil. Les doigts ne cherchent pas à définir les contours précis d'une représentation mais plutôt les lignes creuses et saillantes, les lignes de force en trois dimensions de la ronde-bosse.

Toutefois, le terme significatif ronde-bosse peut-il être encore employé pour la sculpture du XXe siècle ? L'œuvre de Matisse rompt avec l'esthétique du lisse, celle où la forme parfaite appelle la caresse. La modernité ne s'exprime pas uniquement à travers les nouvelles formes qui investissent l'art de la sculpture mais aussi par une panoplie de matières, oubliées depuis la Renaissance, d'une nature plus brute, d'un contact plus rêche. Le marbre et le bronze, les deux matériaux utilisés par les sculpteurs et appréciés par le public sont souvent remplacés par la pierre et le bois. Plus radicale encore sera l'introduction d'une matière essentielle pour l'architecture au XXe siècle : le métal. L'avant-garde, en effet, cherche par tous les moyens à se démarquer de l'héritage académique qui lie la valeur de l'œuvre aux matériaux dits nobles.

Partout se pratique le décloisonnement entre le produit artistique et le monde industriel. Le béton, l'acier, le verre ou le Plexiglas font leur entrée triomphale dans l'atelier de l'artiste. L'intégration des possibilités technolo-

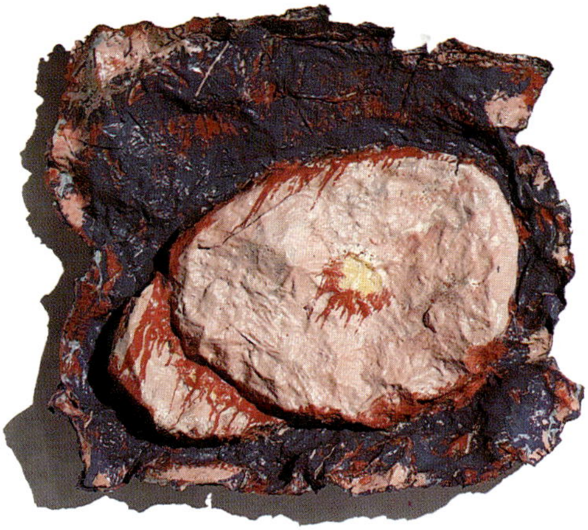

◄ **Claes Oldenburg** (né en 1929). *Pink Cap* (1961). Peinture à l'émail sur mousseline plâtrée (sur une structure en fil de fer) : 86 x 97 x 21 cm.

Cet œuf sur le plat géant, réalisé par l'artiste en tissu de polyuréthane cousu et bourré de mousse synthétique, est un des gadgets ironiques qu'il affectionne. Désacralisés, dénaturalisés, les étalages de « fast-food » qu'il fabrique en mousseline, vinyle ou kapoc donnent aux salles des musées des allures de cafétéria.

Eduardo Chillida (né en 1924). *Ikaraundi* (1957). Bronze : 37,5 x 153,5 x 72,5 cm. Musée des beaux-arts, Grenoble.

Les barres et les plaques s'assemblent dans cette œuvre pour tracer une sorte d'écriture dans l'espace, proche de la calligraphie. ►

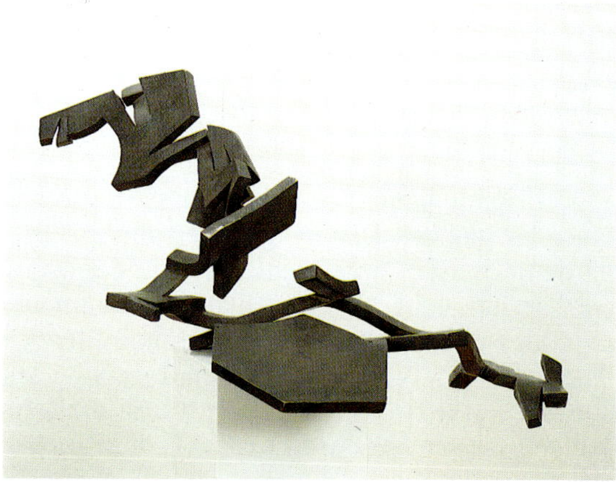

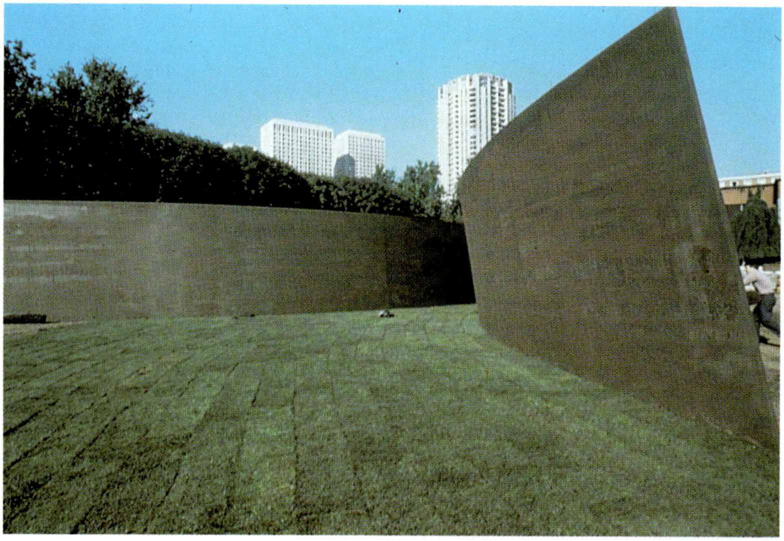

◄ **Richard Serra** (né en1939). *Clara-Clara* (1983). Acier corten : deux courbes de chacune 340 cm x 3,69 m. Fonds national d'art contemporain, Paris.

Les deux segments coniques inversés, roulés, posés au sol par Serra en 1983, rendent hommage à l'usure du temps.

giques récentes modifie les méthodes de fabrication de l'œuvre. Si le sculpteur peut continuer, comme ses prédécesseurs, à modeler une pâte ou à tailler un bloc, il doit désormais apprendre à forger, à souder, à visser et à coller. Le sculpteur utilise les instruments que lui fournissent les nouveaux ateliers de mécanique et les usines de montage. La diversité tactile, voire visuelle, inscrite dans la sculpture moderne devient le vrai sujet du travail artistique. La matière et la technique révèlent la modernité.

La progression n'est pas immédiate. La *Tête* construite par Gabo garde encore une forme anthropomorphique. Mais l'emploi du Plexiglas donne toute l'importance à la transparence recherchée par son auteur. Si dans le passé, l'expression psychologique faisait la force du visage, les éléments translucides, découpés et superposés, contribuent désormais à multiplier et à confondre les rapports des plans et des lignes.

À partir de 1920, les œuvres en métal forgé ou soudé s'éloignent résolument de toute description pour se concentrer sur le traitement de la matière : celle de tubes de fer et d'acier, ou de poutrelles vieillies, artificiellement souvent, par le sculpteur Chillida notamment. Partout, on perçoit les traces du travail de l'artiste, la brûlure du feu, la cicatrice du marteau, les points de soudure. La sculpture se libère de tout souci de raconter des fictions, car l'histoire qui compte désormais est essentiellement celle de la matière : sa mémoire, sa brillance ou son usure.

Les modifications ne s'arrêtent pas en si bon chemin. Oldenburg, qui fait partie de la mouvance du Pop'Art, refuse l'équation consacrée : volume = consistance dure. Ses sculptures molles, des objets quotidiens et banals, inventaire de la civilisation de consommation, agrandis à l'échelle monumentale, remplacent un respect idolâtre par un point d'humour, de dérision, voire même par une certaine vulgarité.

La variété des partis pris rend impossible toute classification ou organisation de la sculpture moderne en grandes catégories, à partir de leur matière. Dans le foisonnement des tendances, on peut mentionner les artistes qui se servent des nouvelles technologies, qui entrent dans l'ère de la « polymatérialité », des « techniques mixtes ». « La sculpture dépasse les notions de bloc, de taille et de modelage, privilégie tous les matériaux, de l'objet au déchet, des métaux aux résines, des textiles à l'électricité, à *l'immatériau* », écrit l'historien d'art Dominique Bozo.

À quand la sculpture virtuelle ?

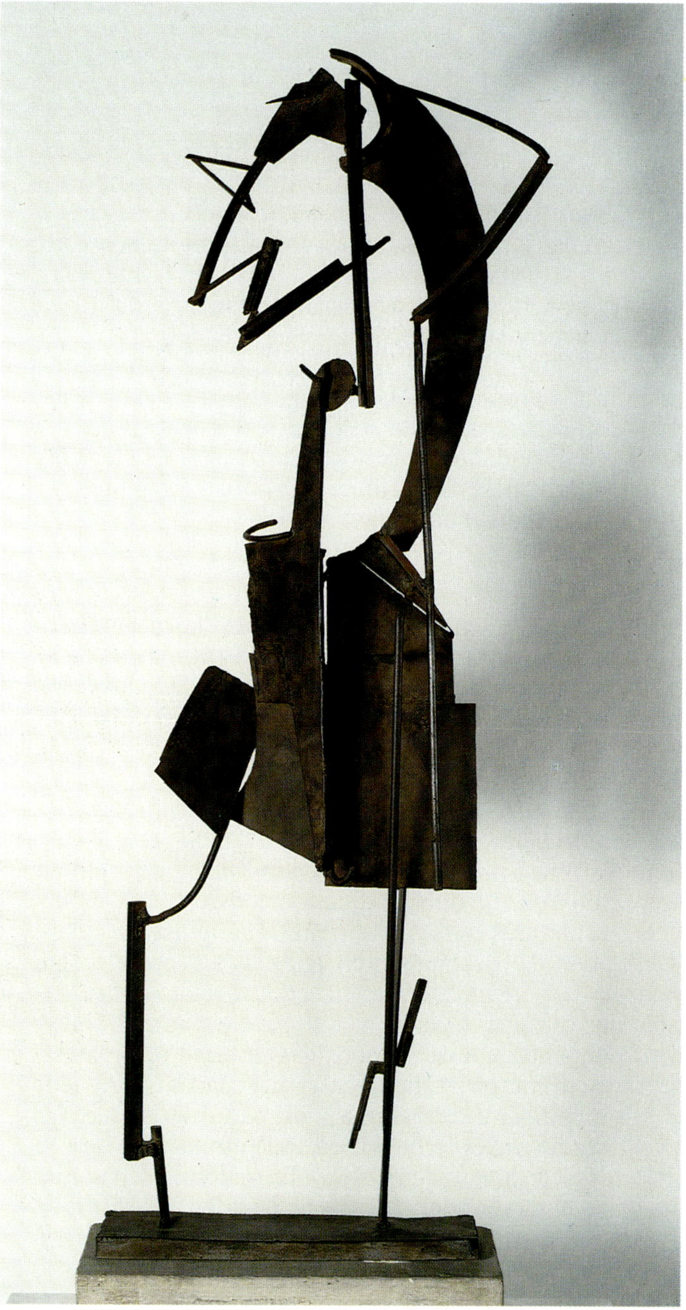

GONZALEZ

le ferronnier de la modernité

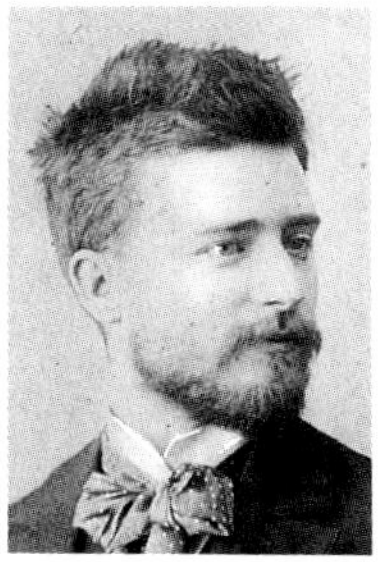

▲ Julio Gonzalez, photographie.

La *Femme* de Gonzalez est déroutante. Ce n'est pas son sujet qui nous surprend, car la femme se coiffant est une variante d'un thème classique de la peinture : la femme à sa toilette. C'est sa chair, remplacée par une armature de métal, qui étonne. Le fer transforme les contours du corps, les rend cassants, inadaptés à la caresse.

La figure humaine représentée n'est pas répudiée : elle se trouve réduite à la suggestion de ses lignes de force. À l'opposé de la tradition de la ronde-bosse, au lieu d'extraire la forme d'un bloc de pierre ou de marbre, l'artiste la dessine dans l'espace en assemblant, grâce à la technique industrielle de la soudure autogène, des morceaux de fer.
Le geste de la femme, son déhanchement, sont traduits par quelques tiges métalliques et des éléments de ferraille.

Il est grand temps que ce matériau (le fer) cesse d'être meurtrier et simple matériau d'une science mécanisée ; la porte est toute grande ouverte, aujourd'hui, afin que ce matériau, pénétrant dans le domaine de l'art, soit battu et forgé par de paisibles mains d'artistes.
Julio Gonzalez.

du corps à la silhouette

Le corps devient une simple silhouette légère et transparente, sans noyau central ni limites. L'espace vide, tel une image persistant sur la rétine, suggère explicitement le buste manquant. Gonzalez, peut-on dire, découvre l'espace négatif, entouré par la matière qui s'ouvre vers l'extérieur.
Des contours en fer, des traces dans le vide : ce graphisme dans l'espace révèle la pratique importante du dessin chez Gonzalez, qui opte, en 1927 seulement, pour une carrière de sculpteur.

◄ **Julio Gonzalez** (1876-1942). *Femme se coiffant* (1931). Fer : 168,5 x 54 x 27 cm.

les forgerons espagnols ouvrent la voie

L'âge du fer a commencé, il y a des siècles, par produire (malheureusement) des armes. De nos jours, il permet en plus la construction de ponts, d'édifices industriels, de rails de chemin de fer. » Cette remarque de Gonzalez, fils d'un forgeron, éclaire le sentiment qui l'anime. Artisan au même titre qu'artiste, Gonzalez considère sa sculpture en fer comme une prolongation naturelle d'autres activités techniques pour lesquelles la connaissance parfaite de la matière et de son traitement sont indispensables.

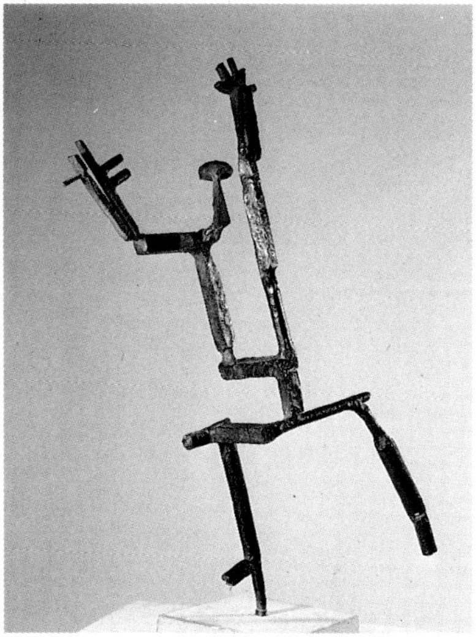

▲ **Julio Gonzalez** *Danseuse à la marguerite* (1937-1938). Bronze et pierre : 46 x 33 x 10 cm.

Posée sur un pied, au bord du déséquilibre, elle donne le sentiment du mouvement.

Installé à Paris à partir de 1899, Gonzalez est ouvrier chez Renault, où il apprend la soudure autogène en 1917. À la fin des années 20, il prend en mains son destin de sculpteur. Il travaille alors avec Picasso, autre émigré espagnol, jamais à court d'imagination. Gonzalez enseigne à son ami les rudiments du métier et s'inspire des libertés que prend Picasso avec différentes matières.

Le travail en commun est certes bénéfique à Gonzalez, mais son expérience dans le domaine du fer est ancienne. Dès le début de sa carrière, il a exécuté des portraits miniatures en métal repoussé. *Pilar au soleil*, dans la série des petits masques féminins, en est l'aboutissement tardif. Ce « visage » de la sœur de l'artiste, composé de surfaces planes, découpées dans du métal et super-

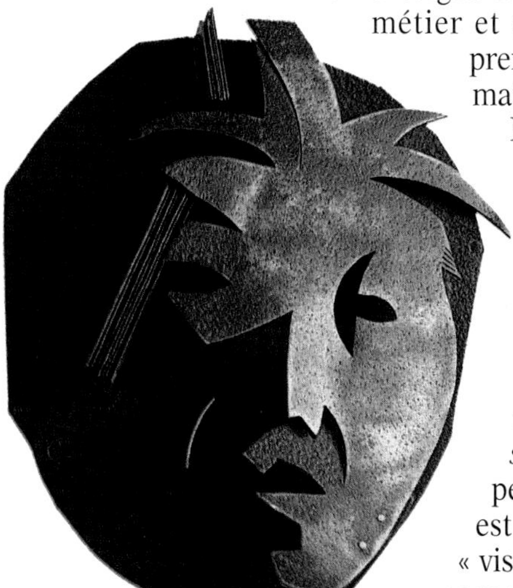

◄ **Julio Gonzalez** *Masque de Pilar au soleil* (1929). Fer : 19 x 16 x 3,5 cm.

Mi-figure humaine, mi-version moderne d'un masque de dieu aztèque, celui de Pilar joue avec la géométrie anthropomorphique.

Arabesques élégantes
Les sculptures en tôles de fer découpées et pliées de Gargallo relèvent encore de la représentation humaine. Avec lui, le métal se transforme en une arabesque continue. La sculpture s'anime d'un mouvement élégant.

posées, dégage un air que l'emploi d'une matière industrielle n'empêche pas de demeurer mystérieux.

de la technique à la magie

Partant de volumes rendus par des surfaces, de cloisons arrondies qui s'emparent de l'atmosphère et l'enferment, Gonzalez aboutit à des diagrammes spatiaux. La *Danseuse à la marguerite* devient un simple signe dans l'espace qui refuse tout volume. Les fragments de fer utilisés, courts et amincis, aux surfaces non polies et aux raccords précaires, accentuent l'aspect fragile de la danseuse. Le socle carré et stable souligne la fragilité de la figurine qui semble s'en détacher.

de la figure au signe

Les sculptures de Gonzalez explorent tout le registre allant de la figure au signe mais refusent le domaine abstrait. L'artiste croit que ce n'est pas « en faisant des cercles et des carrés tracés à la perfection avec le compas et la règle qu'on fera du grand art ».
Contrairement aux autres sculpteurs qui travaillent le métal, Gonzalez modèle ses matériaux à chaud, ce qui lui permet une plus grande plasticité pour les formes, comme pour les détails de surface. Les métaux ne sont pas pour l'artiste des substances dures et lisses, mais des matériaux conservant l'empreinte de l'outil et traduisant l'intervention de sa main.

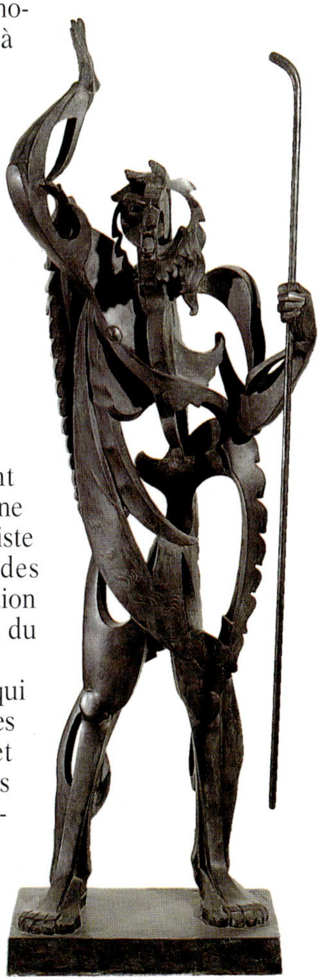

Pablo Gargallo ►
Le Prophète (1933).
Bronze :
238 x 65 x 43 cm.

La puissance légère d'un geste qui interpelle le spectateur.

orfèvres, machinistes et ferrailleurs

Le technicien est aussi un humaniste. À l'Exposition internationale de 1937, où Picasso expose son chef-d'œuvre, *Guernica*, Gonzalez montre, dans le même pavillon républicain, la sculpture d'une paysanne au visage triste et fermé : *Montserrat* devient le symbole de la résistance.

La tradition d'orfèvrerie catalane révèle alors un autre sculpteur, Gargallo, à qui Gonzalez apprend aussi la technique de la soudure autogène. C'est toutefois en bronze traditionnel que Gargallo conçoit *Le Prophète*, une œuvre entièrement « ouverte » : la masse y est remplacée par une armature, les volumes s'aplatissent ; du corps, il ne reste que la sinuosité des contours. Le geste de la main est expressif et menaçant, sans pour autant dissimuler l'élégance des courbes, caractéristique de l'œuvre de l'artiste.

Magie enfantine
À l'utilisation de toutes les matières composant notre quotidien se joint une thématique illimitée, libre de toute contrainte. Les œuvres des sculpteurs évoquent également le monde magique de l'enfance, les visites interdites des chantiers pendant l'absence du gardien.

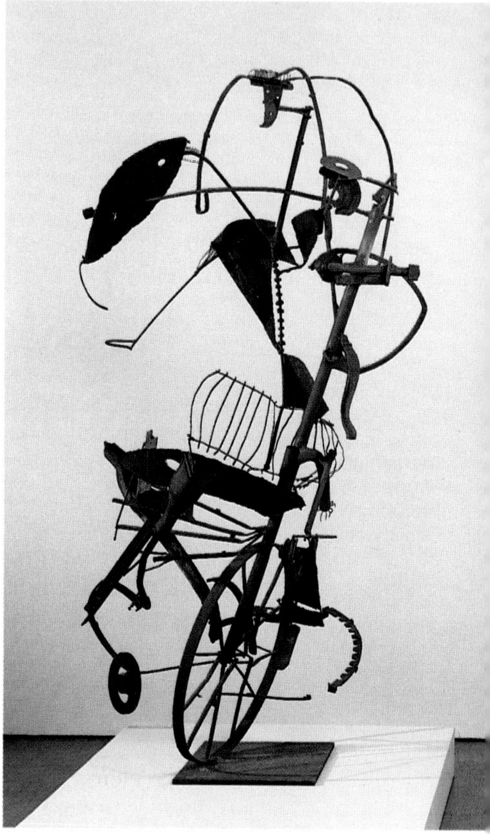

▲
Richard Stankiewicz (1922-1983). *Europe on a cycle* (1953). Matériaux métalliques de récupération : 202 x 94 x 91 cm.

Une machine fantastique sans aucune utilité, un insecte géant ou un vélo futuriste ?

de la marine à la sculpture

Cette qualité ne concerne guère, trente ans plus tard, un autre sculpteur amateur de fer : Stankiewicz. Machiniste de la marine américaine, il travaille à Paris en 1950 dans les ateliers de Fernand Léger et d'Ossip Zadkine. Puis il se met à souder des déchets industriels, à l'instar d'autres artistes américains. Le sens de sa démarche s'inscrit moins dans une critique sociale que dans un rapport ambigu avec la technologie moderne. On est déjà loin de l'attirance de la première génération de l'avant-garde pour le parfait fonctionnement d'un rouage mécanique, la régularité du produit

Le ramollissement
Les matières rigides excluent l'approche, refusent le contact. La sculpture moderne se ramollit, part à la recherche des matériaux organiques et végétaux. L'artiste, en établissant un nouveau dialogue avec la nature, élargit les sensations tactiles.

sériel et le dynamisme de la machine. Les assemblages de Stankiewicz ne sont pas des monuments à la gloire de la technique et de l'utopie machiniste, mais des exemples de poétisation et d'humanisation de l'objet industriel et aliénant.

le fantastique plastique

La sculpture contemporaine ne se renouvelle pas seulement à partir des matériaux industriels. Toute matière défiant la tradition favorise des trouvailles déroutantes. Les synthèses chimiques, par exemple, produisent la matière plastique comme le polyuréthane, que César emploie pour ses expansions. Leur souplesse et leur capacité de dilatation s'opposent radicalement à la rigidité de la statue. L'éponge qu'emploie Klein pour son *Arbre* rompt par sa mollesse et son aspect effiloché avec les habitudes tactiles consacrées. Saturé de pigment bleu, l'élément végétal transformé par l'artiste en artefact, se situe au croisement de l'objet naturel avec l'événement culturel. Quatre tiges de bois, couvertes de laine et de ficelle par Kounellis bouclent la boucle. Lié au groupe de l'*Arte Povera*, qui souhaite dans les années 60 ouvrir le domaine artistique aux matières quotidiennes, l'artiste est plus que jamais un alchimiste.

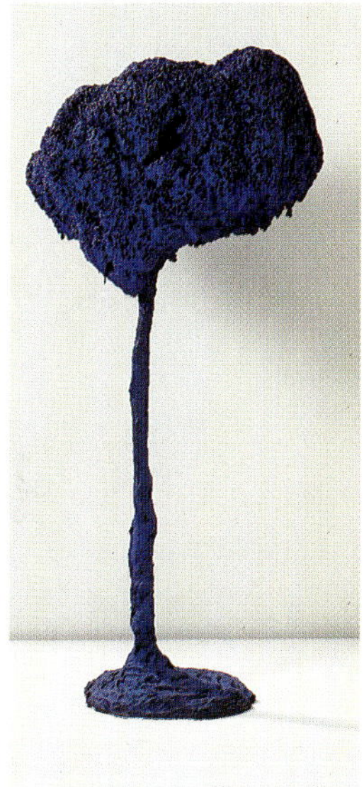

▲

Yves Klein
(1928-1962).
L'Arbre, grande éponge bleue (SE 71) (1962).
Pigments sur éponge naturelle et fil de fer : 150 x 90 x 42 cm.

Un étrange bonsaï saturé de bleu, une éponge sur une fine tige métallique. Klein obtient un monochrome, une peinture couverte d'une couleur unique, en trois dimensions.

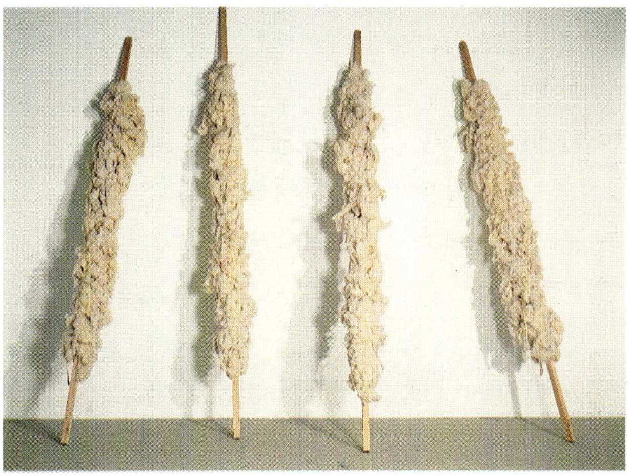

Jannis Kounellis ▶
(né en 1936).
Sans titre (1958).
Bois, laine et ficelle : 515 x 50 cm.

Quatre moutons embrochés ou quatre quenouilles ? « Des matériaux ostensiblement sensuels, amorphes et éphémères, des formes organiques ambiguës et indéterminées », dit Margit Rowell.

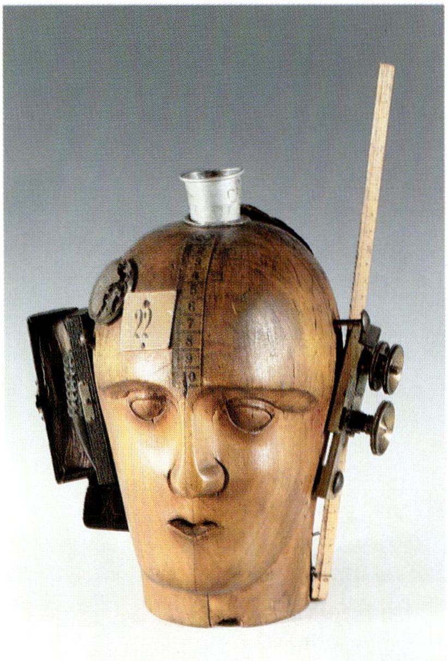

▲
Raoul Hausmann
(1886-1971).
L'Esprit de notre temps
(1919).
Objets collés :
32,5 x 21 x 20 cm.

« Les objets ainsi rassemblés ont ceci de commun qu'ils dérivent et parviennent à différer des objets qui nous entourent par simple mutation de rôle » , écrit André Breton, en 1936.

Constantin Brancusi ►
(1876-1957).
Le Coq (1935).
Bronze, pierre et bois de chêne :
253,4 x 12,1 x 29,9 cm.

Trois matériaux au service d'une énergie.

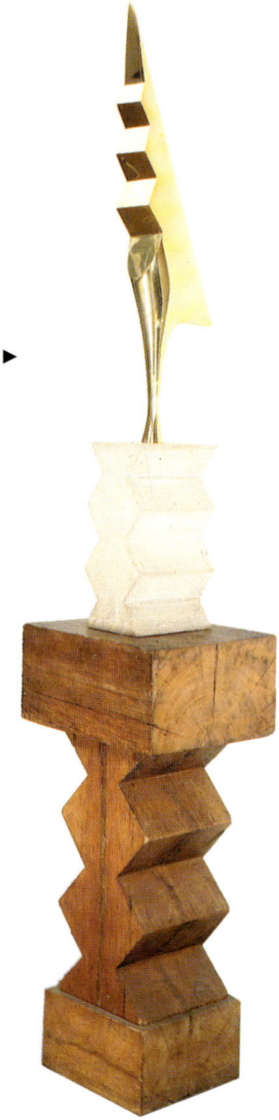

Johannes Baader ►
(1875-1955).
Plasto-dio-dada-rama
(1920).
Objets usés et papiers imprimés collés (œuvre aujourd'hui détruite).
Photographie, archives Nakov, Paris.

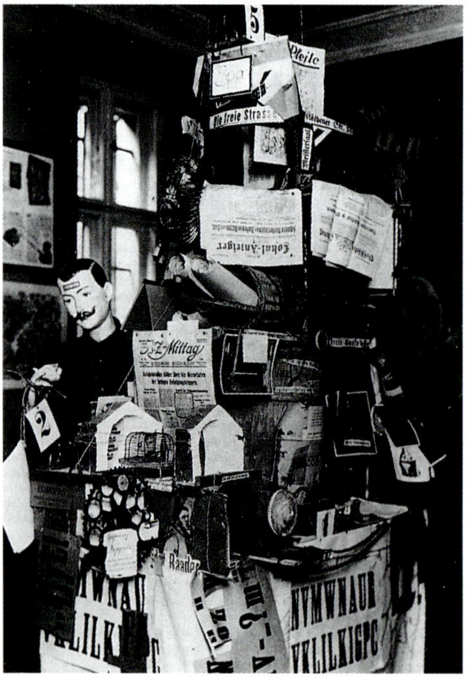

Le principe de l'assemblage

Pourquoi une sculpture devrait-elle n'être constituée que d'un matériau ? À quelques exceptions près, jusqu'à l'aube du XXe siècle, les artistes dégrossissent un bloc de pierre unique, ou coulent d'un seul tenant une forme de bronze. Cela correspond aux principes de pureté et de maîtrise inhérents à la sculpture classique. La forme n'est morcelée, au cours de sa réalisation, qu'exceptionnellement et par obligation technique : pour cause de format ou de transport. Afin de faire « plus riche » ou « plus vrai », quelques sculpteurs se laissent aller à des rajouts polychromes et sensuels : en Assyrie en 2500 avant Jésus-Christ par exemple, on taille déjà les yeux des personnages dans du lapis-lazuli, puis on les fixe dans des orbites de marbre avec un point de bitume.

Dans les années 1910, le besoin de vérité, qui anime depuis la Renaissance les artistes européens, se radicalise : ils imaginent d'emprunter à la réalité plutôt que de continuer à la copier. Les principes académiques de la reproduction, récupérés par un art nouveau appelé la photographie, sont abandonnés par la plupart des peintres et des sculpteurs modernes qui leur préfèrent une logique nouvelle : celle de l'introduction. Leurs œuvres adoptent des allures de tableaux de chasse et de catalogues d'échantillons.
Ce qui attire les artistes de l'avant-garde européenne, autant que le passage du réalisme à la réalité, c'est l'envie d'utiliser tous les matériaux existants pour renouveler l'apparence des images et des volumes et la dynamiser. À Paris, Constantin Brancusi pose un de ses bronzes sur une forme sculptée dans de la pierre, elle-même installée sur un morceau de bois : *Le Coq* chante la victoire de la sensualité.

La matière varie d'autant plus souvent qu'au delà du plaisir de la caresser, et pour accentuer celui-ci, l'artiste cherche à la diversifier. Plus que le chaud ou le froid, c'est un chaud et froid que Picasso provoque. C'est la notion de rencontre qu'il interroge, pour renforcer la sensation de présence.

Daniel Spoerri ►
(né en 1930).
Le Marché aux puces
(1961).
Objets usés collés sur tissu contrecollé sur bois :
172 x 222 x 130 cm.

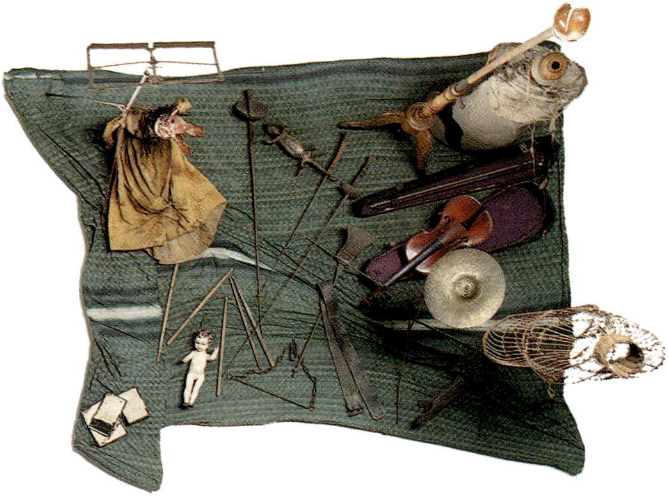

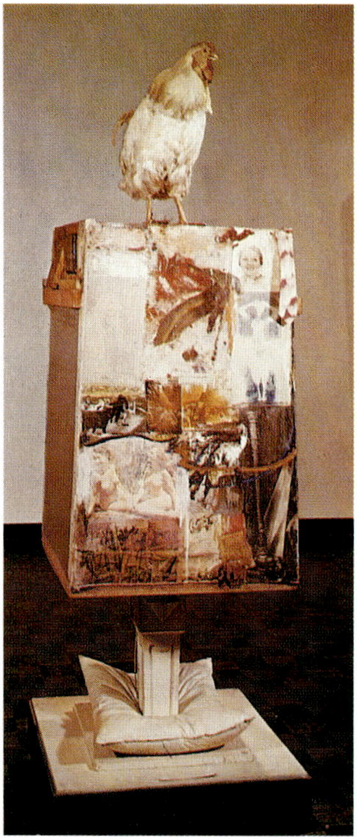

▲
Robert Rauschenberg
(né en 1925).
Odalisk (1955-1958).
Objets usés et papiers imprimés, collés :
206 x 63,5 cm.
Collection Victor W.Ganz, New York.

Kurt Schwitters ►
(1887-1948).
Merzbau (1920-1933)
Bois peint et objets collés sur les murs et le plafond de l'appartement de l'artiste (œuvre aujourd'hui détruite).
Document d'archives, Landesgalerie, Hanovre.

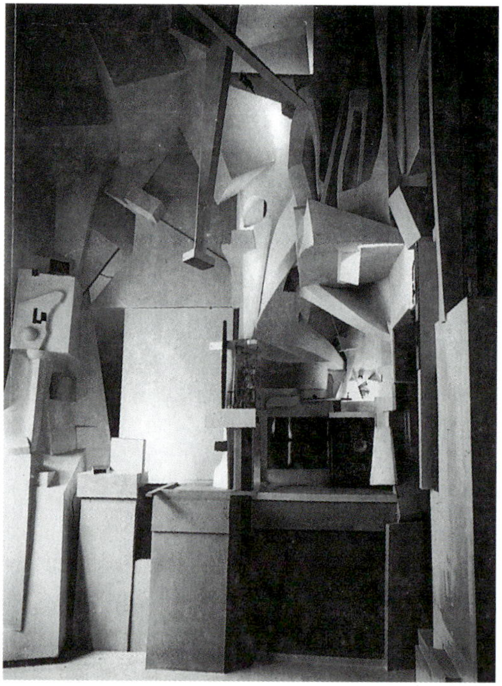

L'hétérogénéité de l'assemblage connaît dans les années 20 une surenchère. Aux éléments taillés ou modelés par le sculpteur, s'ajoutent des objets de consommation ou de contemplation détournés, la plupart du temps, fragmentés. Les petites dimensions de chaque élément permettent de décupler leur nombre. Au siècle du catalogue, de la vitrine et du dépotoir, les sculptures se transforment en accumulations. La logique de leur forme tient davantage à des rencontres inopinées qu'à la conclusion d'une vision savamment mûrie.

La logique de l'assemblage est dans l'air du début du siècle. En 1905, à Vienne, le psychanalyste Sigmund Freud écrit, à propos de l'inconscient, qu'il excelle à « rassembler pêle-mêle des éléments hétéroclites ». En 1913, à Detroit, les usines Ford s'équipent des premières chaînes de montage, pour fabriquer vite et en abondance des objets homogènes à partir de pièces très diverses. Le cinéma lui-même, qui vient de naître, ne doit son existence qu'au principe du collage, comme en témoigne les mots écrits en 1917 par le réalisateur moscovite Koulechov. « Grâce au seul montage, nous montrions une fille vivante, mais une fille qui n'existait pas réellement, puisque nous avions filmé les lèvres d'une femme, les jambes d'une autre, le dos d'une troisième, les yeux d'une quatrième. Nous avons collé ces plans, fixant une certaine relation entre eux, et nous avons obtenu un personnage entièrement nouveau, en n'employant rien qu'une matière entièrement réelle. Cette expérience montrait que tout le pouvoir de l'effet filmique se trouve dans le montage. »

En assumant leur goût pour le bricolage, les artistes du début du XXe siècle anoblissent celui-ci. Lassés par des siècles de formes pures, lisses, achevées, ils souhaitent que leurs œuvres portent la marque de leur travail. D'autant plus qu'en adoptant l'allure traditionnellement réservée aux préparatifs de l'atelier, celle de la maquette, la sculpture gagne en honnêteté : en proximité avec l'impulsion première de l'inspiration.
Sentir, courir, construire... L'assembleur a aussi et enfin le désir de se souvenir. Fier des objets de consommation qu'il détourne, sacralise, il les nimbe parfois de nostalgie romantique en les utilisant usés, et passe davantage de temps sur les décharges publiques et les marchés aux puces que dans les carnets de croquis, devant la nature.

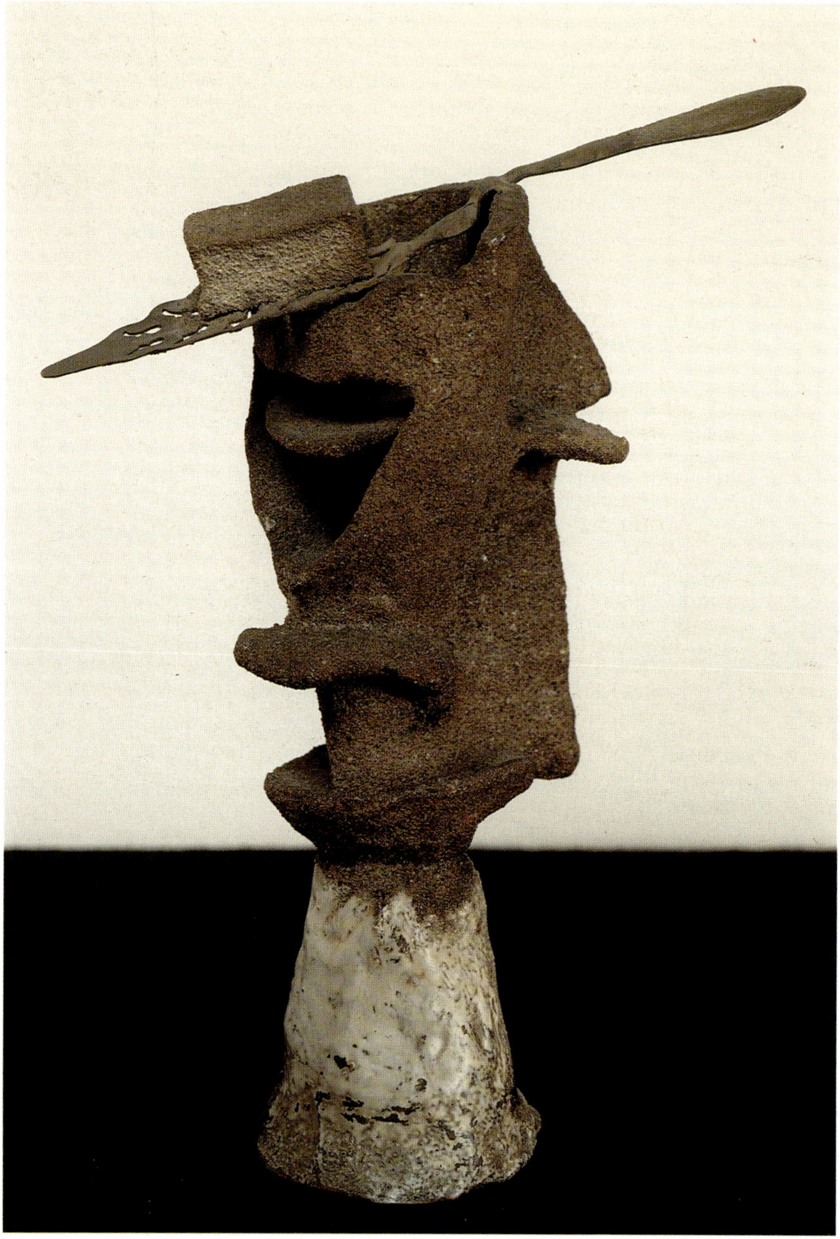

PICASSO

l'alchimiste du quotidien

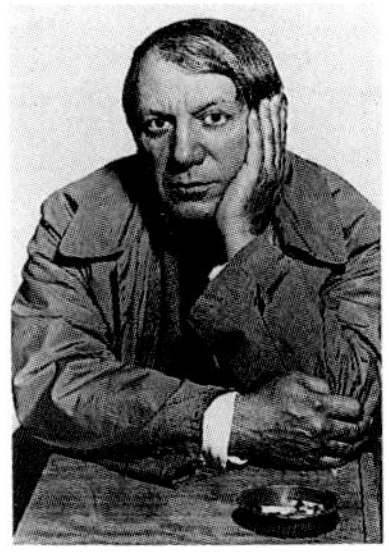

▲ Pablo Picasso photographié par Man Ray en 1932.

Un verre. Celui d'un buveur, certes, déformé cependant moins par une vision éthylique qu'à l'issue d'une réflexion géométrique. Pour rendre la silhouette de l'objet dynamique, moderne, l'artiste lui a inventé des angles et des facettes. Plus que sa fonction, c'est la verticalité et la rondeur de l'objet représenté qui comptent.

Sur un pied épais, en forme de dé à coudre renversé, le gobelet dresse son étrange allure d'escalier accidenté. D'après la cire originale modelée par l'artiste, six tirages en bronze ont été exécutés. Chacun d'entre eux est décoré d'une manière différente : en vert, en blanc, avec des pois rouges et bleus ou du sable collé... Pour leur donner la vie, Picasso fixe sur chaque verre une véritable cuiller, métallique. Sur chacune d'elle, disposé comme on le fait avant de servir l'absinthe, Picasso colle un sucre.

Voilà pourquoi j'ai dû mettre des fragments de glace : une surface peut se transposer dans une toile, un volume peut s'y interpréter, mais un miroir ? Une surface changeante et qui reflète même le spectateur. On ne peut que la coller sous forme de glace.
Juan Gris.

une cuillerée de vérité

En superposant la réalité à l'art, Picasso le révolutionne. Deux ans avant de modeler le *Verre d'absinthe*, il a introduit un morceau de toile cirée dans l'une de ses toiles peintes : une nature morte cubiste. Relativement illisible à force de simplification et de télescopage des formes géométriques qui la constituent, cette œuvre nécessite un fragment de réalité afin de garder le contact avec ceux qui la regardent. Picasso vole celui-là à son univers quotidien. Et en l'intégrant aux formes qu'il invente, Picasso provoque des métamorphoses.

◄ **Pablo Picasso** (1881-1973). *Verre d'absinthe* (1914). Bronze, sable et fer : 21,5 x 16,5 x 6,5 cm.

c'est pour faire vibrer la matière que Picasso y intègre des objets

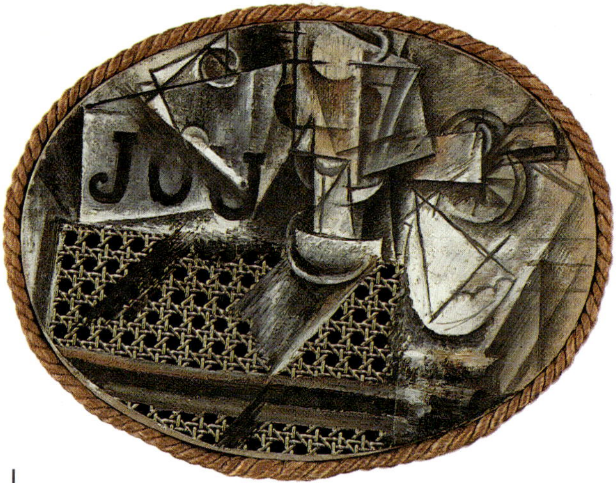

◄ **Pablo Picasso**
Nature morte à la chaise cannée (1912).
Toile cirée et corde, collées sur peinture à l'huile sur toile : 29 x 37 cm.
Musée Picasso, Paris.

Le morceau de toile cirée collé sur la toile peinte permet au spectateur, un peu perdu dans la peinture abstraite, de renouer avec la réalité quotidienne.

Le jeune Picasso travaille d'abord la terre à la manière classique, en s'autorisant juste l'accentuation de certains reliefs et l'accentuation de la densité des visages qu'il représente. Puis sa stylisation devient expressive. Au moment où il peint sa plus célèbre toile, *Les Demoiselles d'Avignon*, et où il commence à collectionner les masques africains, il taille quelques branches de bois, qu'il rehausse de couleur. Les têtes de femmes qu'il façonne alors acquièrent une morphologie anguleuse, mais elles sont encore homogènes, travaillées dans une même boule d'argile ou de plâtre.

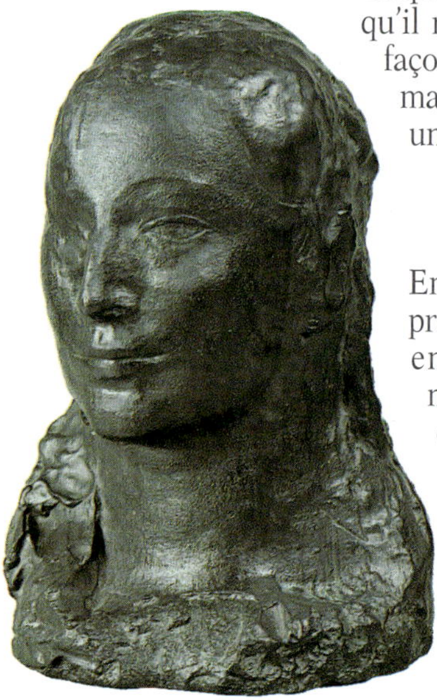

◄ **Pablo Picasso**
Tête de femme (Fernande) (1906).
Bronze : 35 x 24 x 25 cm.
Musée Picasso, Paris.

En 1906, Picasso est déjà sur le chemin de la modernité. Un an avant de peindre les révolutionnaires *Demoiselles d'Avignon*, il découvre l'œuvre de Cézanne et monumentalise les figures féminines qu'il peint et modèle. Fernande, sa compagne, est son modèle.

des fossettes aux facettes

En 1912, sur le thème de la guitare, Picasso entreprend une série de variations en carton plié, puis en bois découpé : des bas-reliefs, des demi-mesures. En 1927 seulement, il cesse de disséquer le volume après avoir expérimenté la plupart des possibilités du principe de l'assemblage : la rapidité, la sensualité, la facilité, le dynamisme... N'évoquant plus que le rythme des formes, Picasso reconstruit alors l'espace. Dans sa peinture, au même moment, la ligne se désolidarise de la forme. Aidé par Julio Gonzalez, il conçoit des graphismes en trois dimensions à partir d'allumettes de bois collées, puis de fils métalliques soudés.

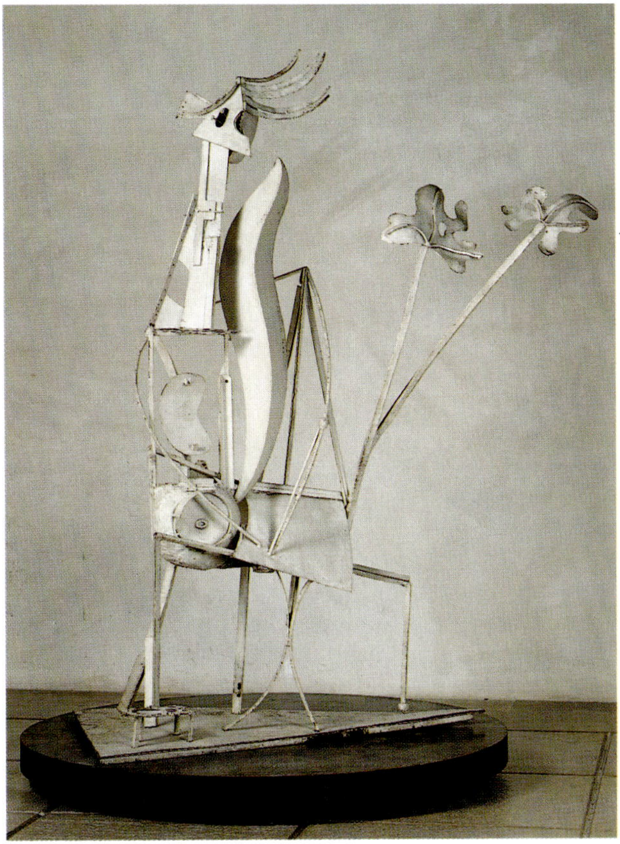

Pablo Picasso
La Femme au jardin
(1930).
Fer soudé et peint :
206 x 117 x 85 cm.
Musée Picasso, Paris.

Quelques signes formels souvent polyvalents permettent seuls d'identifier la charpente du corps féminin, par ailleurs disloqué. De nombreux détails sont mis en évidence, les pièces métalliques parallèles, par exemple, qui représentent les cheveux, rappellent des effets utilisés plusieurs années auparavant.
Julio Gonzalez.

Ensemble, ils vissent et soudent *La Femme au jardin*. Pour continuer à célébrer la pratique de l'assemblage, Picasso laisse apparents les joints et les points de soudure ; le travail, l'inachèvement.

l'objet dépaysé

Au début des années 30, Picasso recycle une passoire en l'introduisant dans la construction du volume d'un visage. La poésie de la trouvaille est alors célébrée par les artistes surréalistes. Mais plus que pour sacrifier à la mode, Picasso revient toujours vers l'assemblage par désir de faire vibrer la matière ; moins par souci de décaler la réalité. Il continue à modeler le plâtre et la terre. Il imprime dans ces matières le rythme graphique d'éléments divers : ondulations de carton, nervures d'une feuille...

Récupérer
Au début des années 50, Picasso touche aux ultimes possibilités de l'assemblage : il récupère toujours des matériaux usés, mais les intègre si parfaitement aux corps qu'il échafaude en plâtre, qu'une métamorphose se produit. Comme s'il les digérait, l'artiste s'approprie les volumes qui le précédaient.

une fois récupéré, l'objet est malmené

Après le passage révolutionnaire de Picasso au travers des habitudes de la sculpture européenne, la plupart des jeunes artistes font du principe de l'assemblage la base de leur vocabulaire plastique ; par goût de la nouveauté, certes, mais aussi pour des raisons économiques. Dans les années 50, César arpente les entrepôts des ferrailleurs du midi de la France pour récupérer des objets métalliques. En les soudant, il fabrique des animaux cocasses et inquiétants. Si le matériau adopté véhicule la mémoire de la société occidentale, de ses méthodes de fabrication et de ses habitudes de consommation, le traitement que l'artiste lui fait subir s'inscrit totalement dans la logique de la métamorphose élaborée par Picasso.

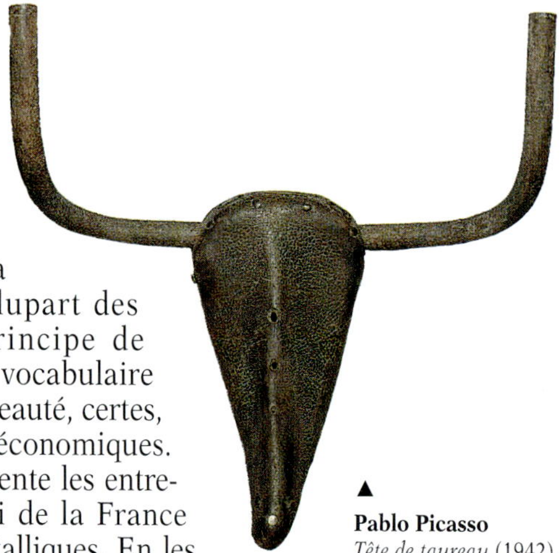

▲
Pablo Picasso
Tête de taureau (1942).
Objets vissés :
33,5 x 43,5 x 19 cm.
Musée Picasso, Paris.

La selle d'un vélo, simplement coiffée par son guidon : c'est la forme de l'objet, plus que sa fonction ou sa valeur symbolique, qui motive la récupération.

de la poubelle au musée

Le spectateur perçoit la forme inventée par l'artiste avant d'identifier les objets et les fragments qui la constituent. Dix ans plus tard, il en va différemment : César abandonne son activité de sculpteur traditionnel. S'il récupère toujours la matière des objets qu'il fabrique, ceux-ci sont désormais mis en forme par une machine électrique : la presse qu'utilisent les ferrailleurs pour réduire les voitures qu'ils récupèrent pour pouvoir plus facilement les entreposer. La forme de l'œuvre se résume à un cube

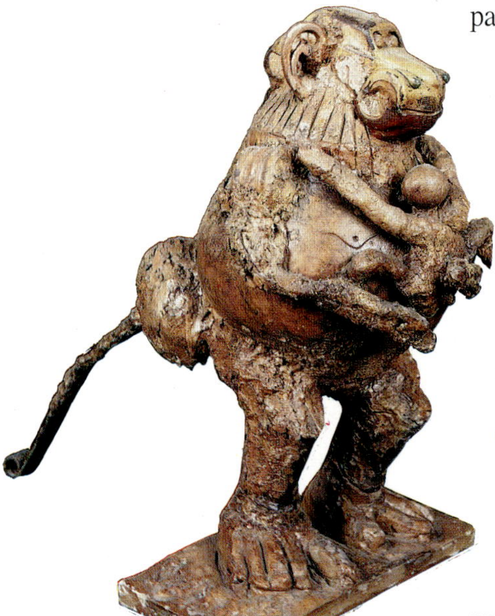

◄ **Pablo Picasso**
La Guenon et son petit (1951).
Plâtre et objets :
56 x 34 x 71 cm.
Musée Picasso, Paris.

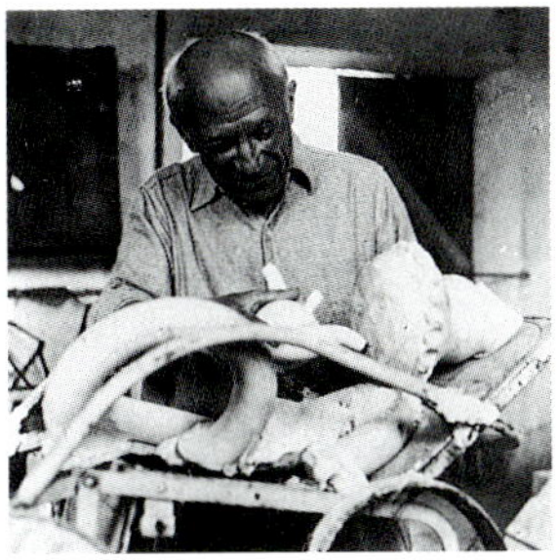

▲ Picasso au travail, photographie prise en 1951.

rectangulaire, qui n'entraîne plus l'imagination du spectateur vers des univers poétiques, mais l'oblige à considérer l'aspect géométrique et systématique du monde industriel.

récupération...

Malmener l'objet manufacturé semble être l'ultime porte encore entrouverte après le passage de l'ogre Picasso, et de sa manière inégalable de sacraliser la réalité, sur la scène de l'art contemporain. Dans la deuxième moitié du XXe siècle, les surréalistes et leurs héritiers, les pop-artistes américains, amoureux de la société de consommation et les nouveaux-réalistes français, fascinés par les déchets, célèbrent en les confrontant, en les multipliant et en les agrandissant, ou critiquent en les torturant, les instruments de leur époque.

... et déformation

Oldenburg fabrique une brosse à dents monumentale, Raynaud fait subir le même sort à un pot de fleurs, Spoerri dévalise les restaurants, Arman collectionne les masques à gaz et Christo accumule les bidons d'huile... L'artiste ne sculpte plus, il réunit des collections et fait des observations. Il se glisse dans la peau d'un herboriste ; d'un conservateur.

Un panthéon pour les poubelles
En 1951, Picasso conçoit un véritable panthéon de la récupération. Il y a la *Femme à la voiture d'enfant*, avec des passoires à la place des roues et une jupe en tuyau de poêle ; la *Petite Fille sautant à la corde* ; une *Chèvre* au ventre ballonné suggéré par une grande corbeille en osier tressé ; un *Crâne de chèvre et bouteille* ; et *La Guenon et son petit*, tendant vers lui une gueule attendrie faite de deux voitures d'enfants disposées, roues contre roues.

César Baldaccini, dit **César** (né en 1921). *Ricard* (1962). Automobile compressée : 153 x 73 x 65 cm.

À partir des années 50, l'objet intégré à la sculpture est souvent torturé.
▼

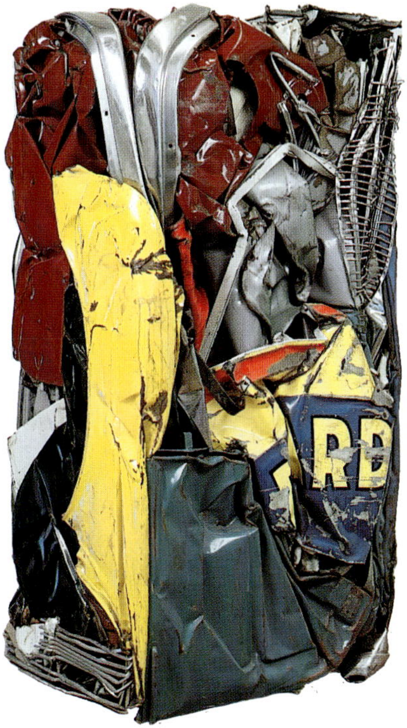

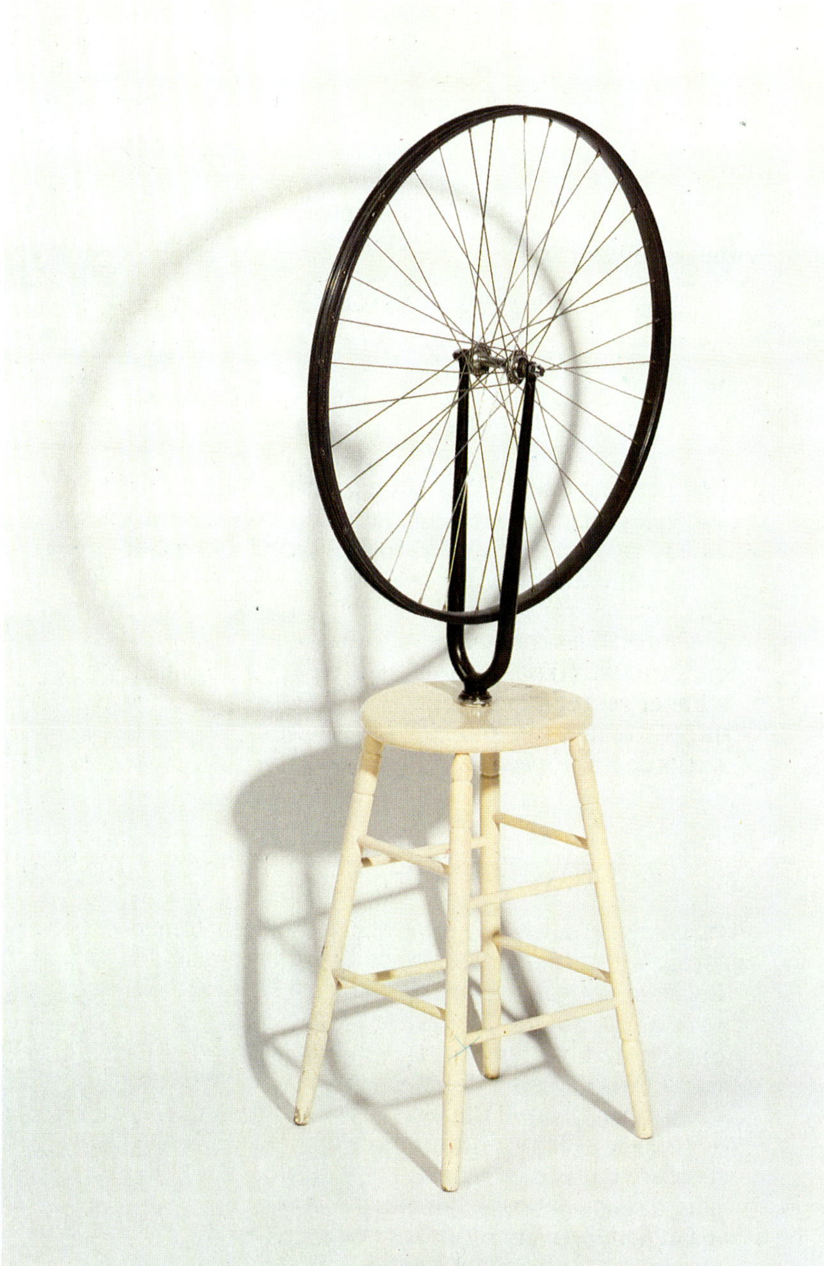

DUCHAMP

le ravisseur d'objets

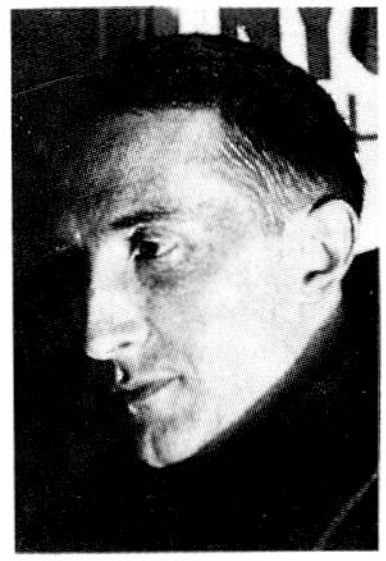

▲ Marcel Duchamp, photographie.

Le XXe siècle préfère le détournement du quotidien à la fabrication de l'extraordinaire. C'est à partir du principe de l'assemblage que Marcel Duchamp, théoricien révolutionnaire, jette les bases d'un art contemporain fondé sur l'objet industriel.

La roue avant d'une bicyclette, dans sa fourche, vissée la tête en bas, au milieu d'un tabouret de bois... Que dire de plus devant cette œuvre signée Marcel Duchamp, conçue tout spécialement pour rendre caduc le commentaire traditionnel du spectateur ? Qu'il y a du noir et du blanc, que l'ensemble paraît relativement sobre et géométrique et que le mouvement de la roue introduit la sculpture dans le monde sonore du mobile ?

En 1913, j'eus l'heureuse idée de fixer une roue de bicyclette sur un tabouret de cuisine et de la regarder tourner (...). J'aimais l'idée d'avoir une roue de bicyclette dans mon atelier. Je prenais plaisir à la regarder tourner, tout comme je prends plaisir à regarder les flammes danser dans une cheminée. (...) C'était simplement une distraction.
Marcel Duchamp.

la sculpture en dérangement

Si les objets mis en scène par Marcel Duchamp échappent au regard, c'est parce qu'ils appartiennent au discours. La roue qui tourne est celle d'une loterie qui dialogue avec les hasards de la vie. Socle d'un nouveau genre, son tabouret garantit moins la stabilité de l'ensemble que celle d'un système de pensée. Celui qui fabrique, en 1913, ce curieux volume hybride, souhaite déranger jusqu'au public habitué aux formes de l'art moderne.
Marcel Duchamp est un perturbateur, conscient du fait qu'en Occident, parce que le système capitaliste porte alors aux nues la notion de nouveauté, surprendre garantit d'être aimé.

◄ **Marcel Duchamp** (1887-1968). *Roue de bicyclette* (1913-1964). Objets vissés : 126,5 cm.

des objets anonymes à l'assaut de la beauté classique

Afin de souligner la nature de son geste créateur, plus proche de celui du voleur que de celui de l'artisan, il importe que ce que Duchamp choisit d'extraire de son contexte pour le faire entrer au musée soit le moins séduisant possible, qu'on n'ait pas envie de le conserver. Les objets exposés à partir de 1913 par ce trouble-fête ont d'ailleurs rarement été gardés. Ceux qui appartiennent aux collections des musées aujourd'hui, ont été refaits, ou plutôt rechoisis, par l'artiste, en 1964.

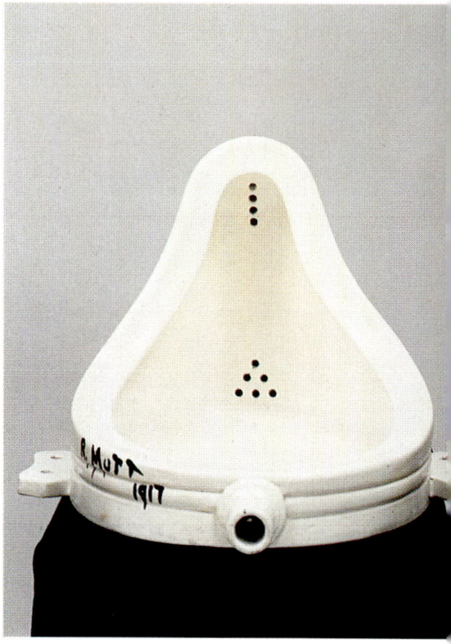

▲ **Marcel Duchamp**
Fontaine (1917-1964).
Objet : 62,5 cm.

Marcel Duchamp obéit à des intuitions qui le guident toujours vers des objets à l'allure hygiénique, stérilisée.

joindre l'utile au désagréable

Du froid, de l'industriel, de l'utile. Après la *Roue de bicyclette*, mise en scène grâce au subterfuge du tabouret percé, un urinoir, posé à même le sol, une pelle à neige, un porte-bouteille, un porte-manteaux, etc. Duchamp appelle les objets qu'il choisit des « déjà prêts ». Il préfère le dire en anglais : *ready made,* en distinguant les *ready made* simples des *ready made*

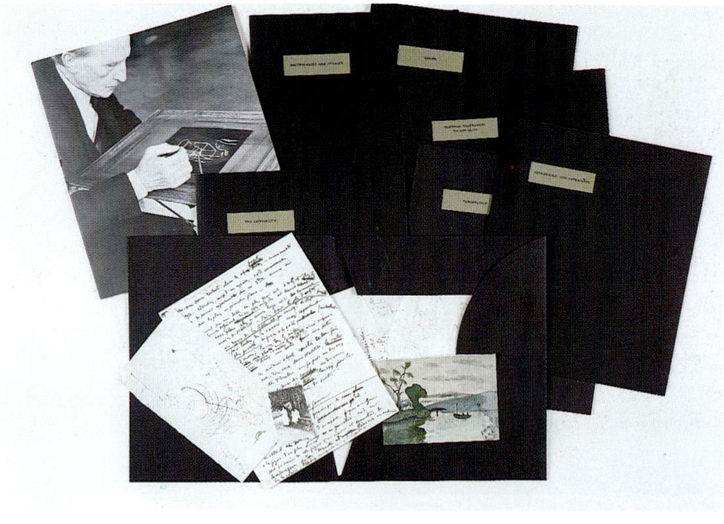

◄ **Marcel Duchamp**
À l'infinitif (la boîte blanche) (1966).
Boîte cartonnée contenant des lettres manuscrites et une photographie.

« Tout ce que j'ai fait d'important pourrait tenir dans une petite valise » , dit Marcel Duchamp.

« assistés », ceux sur lesquels l'artiste est légèrement intervenu, pour rapprocher au moins deux éléments l'un contre l'autre et les fixer ensemble. La sensation d'assemblage est permanente dans l'œuvre de Duchamp, car lorsqu'il ne rapproche pas deux objets n'ayant à l'origine rien à faire l'un avec l'autre, il met en contact un objet avec un espace lui étant traditionnellement inadapté, le musée (le temple du curieux par excellence), modifiant ainsi le regard porté par ses visiteurs sur la banalité quotidienne.

Ma fontaine-pissotière partait de l'idée de jouer un exercice sur la question du goût : choisir l'objet qui ait le moins de chances d'être aimé. Une pissotière, il y a très peu de gens qui trouvent cela merveilleux. Car le danger, c'est la délectation artistique. Mais on peut faire avaler n'importe quoi aux gens ; c'est ce qui est arrivé.
Marcel Duchamp.

beau comme une hélice

En 1912, Duchamp visite le salon de la Locomotion aérienne de Paris, en compagnie du peintre Léger et du sculpteur Brancusi. Il leur déclare : « C'est fini la peinture. Qui ferait mieux que cette hélice ? » L'année suivante, Duchamp expose sa dernière huile sur toile, le *Nu descendant un escalier*. Vaguement futuriste, l'œuvre représente une silhouette en train de descendre quelques marches. Le corps humain s'y efface au profit de son dynamisme. Puis celui-ci disparaît, remplacé par l'objet moderne, fait pour la main de l'homme contemporain, qui semble finalement à l'artiste un reflet plus fidèle de sa société qu'un portrait peint.

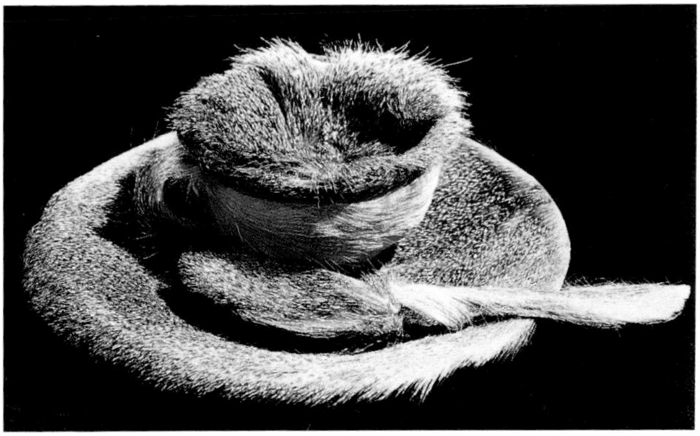

◀ **Méret Oppenheim** (née en 1913). *Le Déjeuner en fourrure*. 7,3 x 23,7 x 20,2 cm. Museum of Modern Art, New York.

Les artistes surréalistes détournent l'objet ordinaire pour lui redonner le mystère classique des œuvres d'art.

la rencontre inattendue provoque un effet poétique

Duchamp adule les logiques mécaniques et les produits industriels. Il les dessine et les collectionne. Il en fait son œuvre, ses divinités. En 1938, alors qu'il se consacre surtout au jeu d'échecs, et qu'il entretient des « élevages de poussière » pour les photographier à la surface de ses œuvres anciennes, il fabrique des miniatures d'après ses *ready made*. Il les réunit dans des coffrets, qu'il vend. En 1964, il édite à huit exemplaires de nouveaux *ready made* identiques à ceux des années 10. Commerce ou pédagogie ?

Nouveau réalisme
En France dans les années 50, les membres du groupe des Nouveaux Réalistes s'ingénient à casser l'objet, à en souligner la dimension éphémère : Niki de Saint-Phalle tire à la carabine sur des jouets, Arman brûle du mobilier dont il expose les reliefs calcinés enduits d'une résine protectrice et Spoerri colle à même les tables de restaurants, les reliefs de repas consommés par des clients anonymes.

dialogues d'objets

La plaidoirie de Duchamp en faveur de l'objet manufacturé séduit, dès les années 20, les artistes du groupe surréaliste de Paris. Partisans du regard poétique, regroupés sous la devise « beau comme la rencontre fortuite, sur une table de dissection, d'une machine à coudre et d'un parapluie » (extrait d'un livre de Lautréamont), ils sont fascinés par la notion de trouvaille et la courtisent au fil d'interminables promenades sans but. Puis ils combinent les objets ainsi récupérés, pour obtenir, en jouant sur le décalage existant entre les uns et les autres, des effets de surprise proches de ceux du langage poétique. Picabia collectionne les pinceaux usés et les épingles à cheveux, Max Ernst ramasse des postiches et des couvercles de lessiveuse, Hans Arp préfère les plumes et les galets. Certains membres du groupe imbriquent profondément les objets rassemblés, pour provoquer chez leur spectateur le sentiment

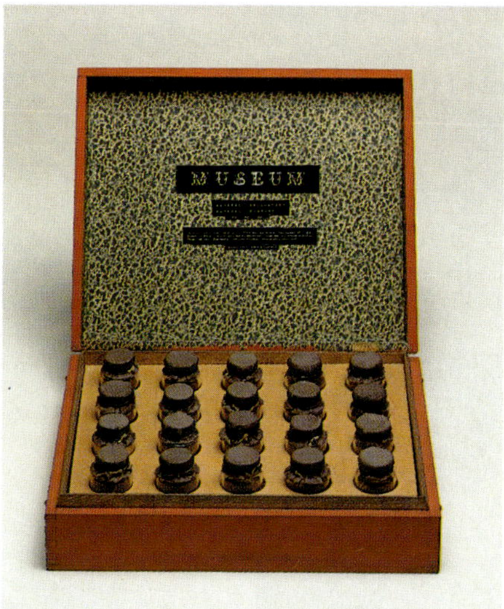

▲
Joseph Cornell (1903-1972). *Museum* (1942). Objets : 5,5 x 21,5 x 17,7 cm.

L'objet détourné
Au fur et à mesure des décennies, les artistes interviennent davantage sur les objets auxquels ils ont offert la place de la forme sculptée traditionnelle. Protéger, maquiller ou torturer constituent les trois attitudes possibles à leur égard.

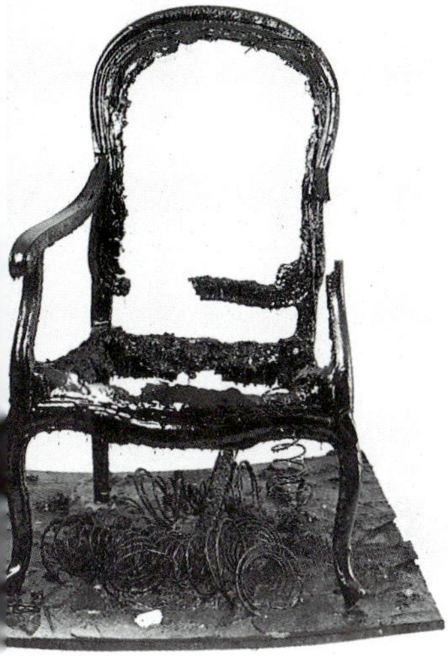

du « deux en un », celui de la métamorphose en cours : Méret Oppenheim recouvre une tasse à thé de fourrure animale, et Salvador Dali fabrique une fausse montre ayant la consistance de la cire molle. L'artiste invente à propos de ces étranges objets l'adjectif « paranoïacritique ».

Confort moderne
L'objet-sculpture évolue au même rythme que les formes du mobilier et de l'outillage du XXe siècle. Au-delà de leur aspect artistique historique, les créations d'Arman ou de Koons fournissent des documents de travail aux anthropologues.

protections et transformations

▲
Armand Pierre Fernandez, dit **Arman** (né en 1928). *Après le temps menaçant* (1965-1966). Objets calcinés enduits de polyester : 114 x 83 x 83 cm. JGM galerie, Paris.

En fabriquant des boîtes dans lesquelles il installe des dialogues de petits objets soigneusement mis en scène, à la fin des années 30, l'américain Cornell se pose, quant à lui, davantage en conservateur qu'en sculpteur. Nombreux sont les artistes qui le suivent, de Christan Boltanski, qui accumule au début des années 70 des vêtements dans des tiroirs, jusqu'à Jeff Koons, mettant des aspirateurs en vitrines, dans les années 80. Tourner autour de l'objet, au lieu de sculpter la forme, donne envie de le protéger. Les héritiers du surréalisme le peignent parfois, pour le rendre plus séduisant, ou le moulent, pour le transformer en un bronze aisément commercialisable, parce que moins fragile et moins vulgaire. Dali et Miró, comme la plupart des artistes travaillant sous contrat avec de grosses galeries d'art contemporain, excellent en la matière à la fin de leur carrière.

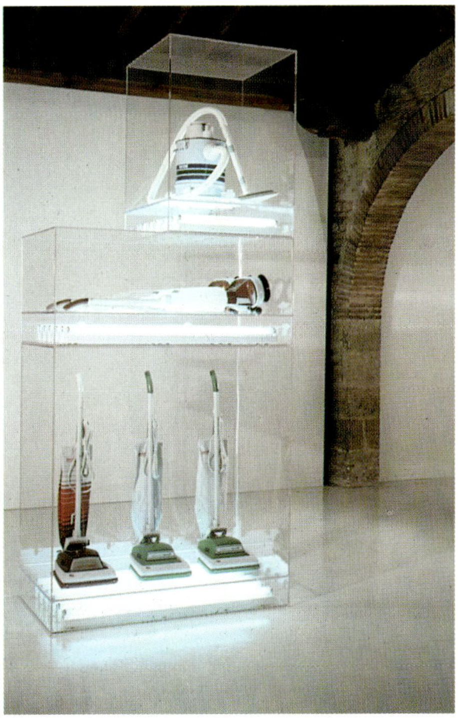

Jeff Koons ▶
(né en 1955). *New Hoover Convertibles Green, Green, Red, New Hoover Deluxe Shampoo Polishers, New Shelton Welt/Dry 5 Gallon Displaced Tripeldecker* (1981-1987). Objets dans vitrine éclairée au néon : 312 x 137 x 71 cm. Fonds régional d'art contemporain Aquitaine, Bordeaux.

Umberto Boccioni
(1882-1916).
Formes uniques dans la continuité de l'espace (1913).
Bronze :
112,2 x 88,5 x 40 cm.
Museum of Modern Art, New York.

Boccioni travaille le volume d'un homme qui marche en le rehaussant d'un ensemble de pointes aérodynamiques, pour signifier le courant d'air occasionné par le mouvement, et la puissance de celui-ci. ►

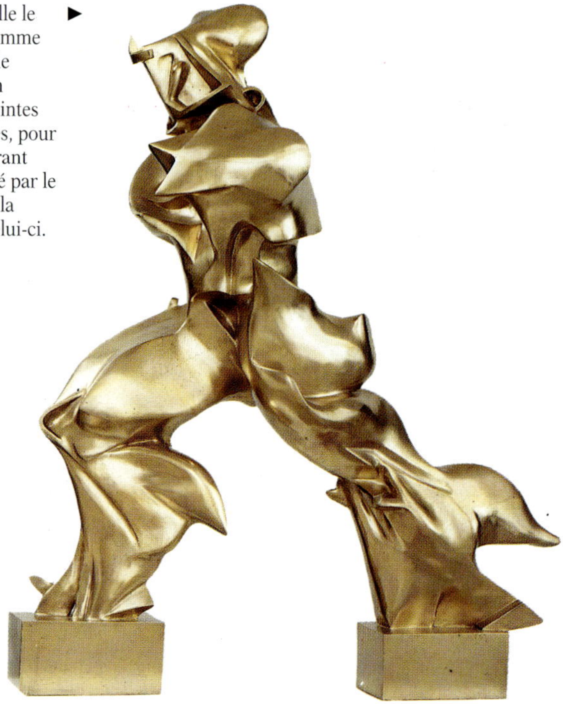

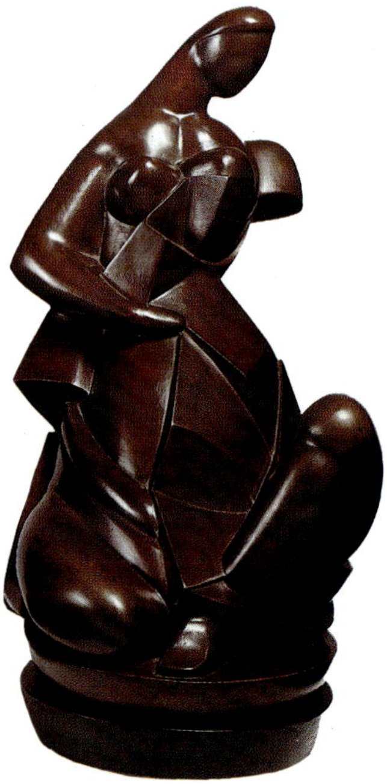

▲

Alexandre Archipenko
(1887-1964).
Femme drapée (1911).
Bronze :
56,5 x 30 x 31 cm.

Archipenko sculpte une *Femme drapée*, en 1911, et pour mieux souligner le déploiement possible de ses bras, et la modification des plis du tissu dont elle est vêtue qui s'ensuivrait, l'artiste géométrise la structure de toute la forme. La théorie physique des fractales est alors implicite.

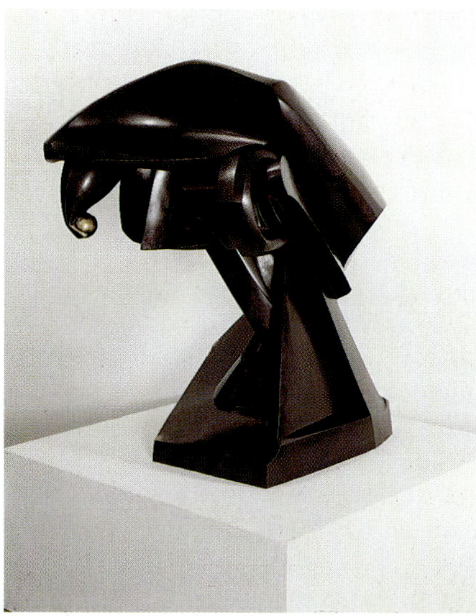

◄ **Raymond Duchamp-Villon**
(1876-1918).
Le Cheval majeur (1914).
Bronze :
150 x 97 x 153 cm.

Le Cheval majeur que Duchamp-Villon sculpte en combinant un ensemble de formes géométriques circulaires, représente la vitesse du galop.

L'apparition du mouvement

Pourquoi une sculpture ne pourrait-elle pas bouger ? Si depuis l'origine de la ronde-bosse, celui qui veut la regarder doit la contourner, au XXe siècle, c'est elle qui se met à circuler. Souvent auparavant, les artistes ont tenté de donner l'illusion du mouvement aux formes qu'ils modelaient ou qu'ils taillaient : au IIIe siècle avant Jésus-Christ en Grèce, au début du XVIIe siècle en Italie, etc. Les expressions « lyrisme » et « baroque » définissaient alors un ensemble d'éléments tourbillonnants, de corps en déséquilibre et de draperies gonflées par le vent. Achevée, toutefois, la sculpture restait figée. Au début du XXe siècle, dans la sculpture cubiste, l'envie de donner l'illusion du mouvement ressurgit. Elle incite les artistes à présenter la forme comme un ensemble de facettes, forme explosée par la vitesse du regard porté sur ses contours et par la multiplicité de ses angles, scrupuleusement rapportés par l'artiste tournant autour du modèle pour n'en oublier aucun. Par la suite, les œuvres provoquant des illusions d'optique, destinées à faire croire au spectateur que la sculpture évolue dans l'espace, se multiplient.

Finalement la sculpture se met physiquement en marche. En 1920, Gabo monte une baguette métallique sur un moteur pour la faire vibrer. « Ce n'est point la machine qui m'inspire, mais l'esprit créateur de l'homme », précise-t-il en présentant sa *Sculpture cinétique : vague debout*. À la fin des années 20, à force de tordre des personnages en fil de fer pour leur donner une allure dynamique, l'artiste américain Calder en vient à les articuler, à partir d'éléments différents, et à laisser certains de ces éléments, libres à l'une de leurs extrémités, se balancer. Emprunt au monde des bijoux à pendentifs et à celui des marionnettes à fils ? Certes. Du goût de l'air vif, naît la sculpture mobile. En quelques années, Calder en exprime tous les aspects.

Lazlo Moholy-Nagy (1895-1946). *Modulateur spatial* (1922-1970). Acier, verre et bois : 151 x 70 x 70 cm. Stedelijk Van Abbemuseum, Eindhoven.

« Quand, en 1930, le modulateur espace-lumière s'est mis en mouvement pour la première fois dans un petit atelier de montage, je me suis senti comme un apprenti sorcier. Les mouvements coordonnés et les articulations de l'espace des séquences de lumière et d'ombres du mobile étaient tellement étonnants que je commençais à croire à la magie. » Moholy-Nagy, 1944.

►

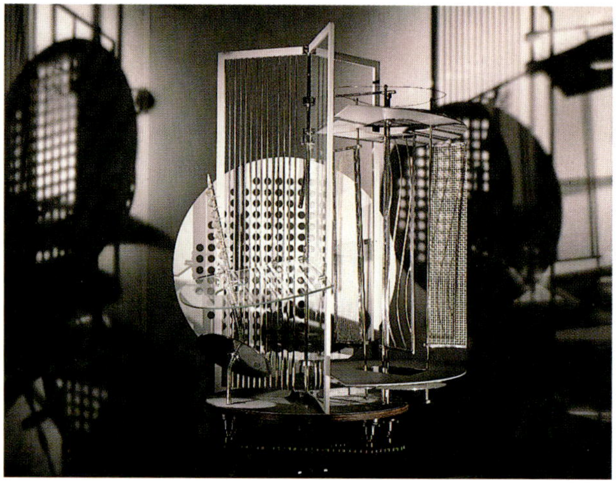

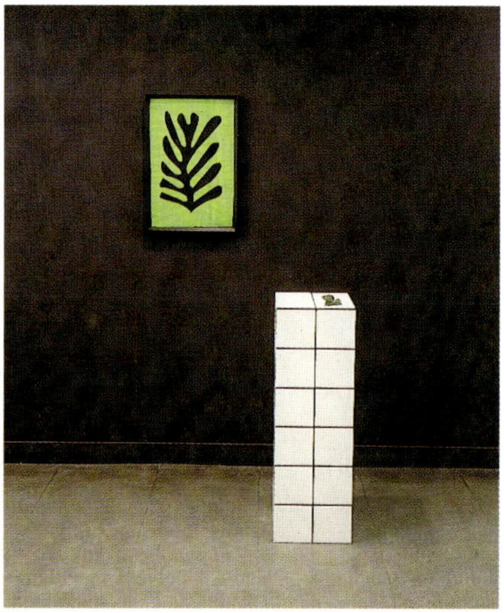

▲

Jean-Pierre Raynaud (né en 1939). *Stèle pour une feuille* (1981). Carreaux de céramique et feuille de lierre : 94 x 30,5 x 30,5 cm. Galerie de France, Paris.

Introduire des matières périssables dans la sculpture permet d'y glisser le mouvement du temps : une feuille de lierre sèche.

Vassilakis Takis (né en 1925). *Méduse* (1980). Ensemble électromagnétique ; lampe à mercure, aimants, fer et matière plastique : 220 x 60 x 40 cm.

« Nous devons remplacer le principe statique de l'art classique par la dynamique de la vie universelle. » Kemeny et Moholy-Nagy, 1922.

▼

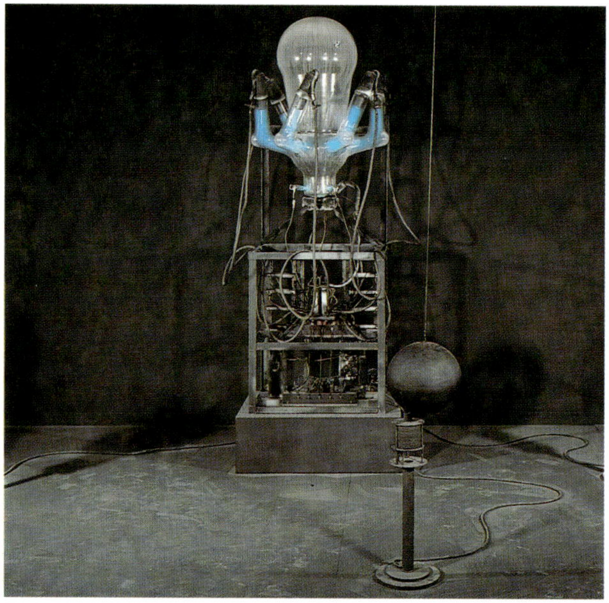

Après la marionnette, l'automate se glisse dans la peau de certaines sculptures, qui adoptent l'allure de machines. Le Hongrois Moholy-Nagy réfléchit de 1922 à 1930 à une sculpture combinant la mécanique et l'électricité avec des effets de miroirs et de lampes. Les recherches théâtrales menées alors dans l'école expérimentale des arts et métiers où il enseigne, le *Bauhaus*, sur l'éclairage artificiel et les décors mobiles, l'aident. Grâce à la collaboration d'un ingénieur et d'un technicien, le *Modulateur espace-lumière* naît. Ses héritiers seront nombreux : dans les années 40, l'Italien Munari fabrique des œuvres géométriques mobiles, à mouvements d'horlogerie. Puis les plaques du Français Nicolas Schöffer, les boules du Belge Bury, la ferraille du Suisse Tinguely et les signaux du Grec Takis s'agitent. Celui-ci utilise également le clignotement lumineux électrique et l'aimantation métallique pour provoquer des vibrations. Des cerveaux électroniques sont également mis à contribution : en 1960, Schöffer installe à Liège une *Tour cybernétique* de 52 mètres de haut, à 37 axes tournants entraînant 64 plaques métalliques.

La lumière décuple le mouvement, grâce au jeu des ombres, ou le suggère à l'aide d'effets polychromes et momentanés. Ils sont parfois relayés par des projecteurs de cinéma, ou des récepteurs de télévision inclus dans la structure de la forme. Ce ne sont alors plus seulement des couleurs, mais des images, qui se déplacent à la surface de l'œuvre tandis que des paroles et des musiques résonnent. Tout concourt à suggérer la dimension éphémère du volume.

Désormais la sculpture évolue. Quoi de plus naturel, en ce cas, que l'utilisation en son sein de matériaux éphémères, plus en accord avec les logiques de la société de consommation que la solidité du marbre ou que celle du bronze ? À partir des années 60, certains sculpteurs utilisent des matières à l'apparence fragile : l'acier corten, dont la surface rouille au contact de l'air, la graisse animale, sensible aux variations de température, ou la salade fraîche, installée sur un socle monumental où elle doit être renouvelée régulièrement par un conservateur de musée respectueux des volontés de l'artiste. La sculpture ne survit plus à son auteur, elle lui ressemble.

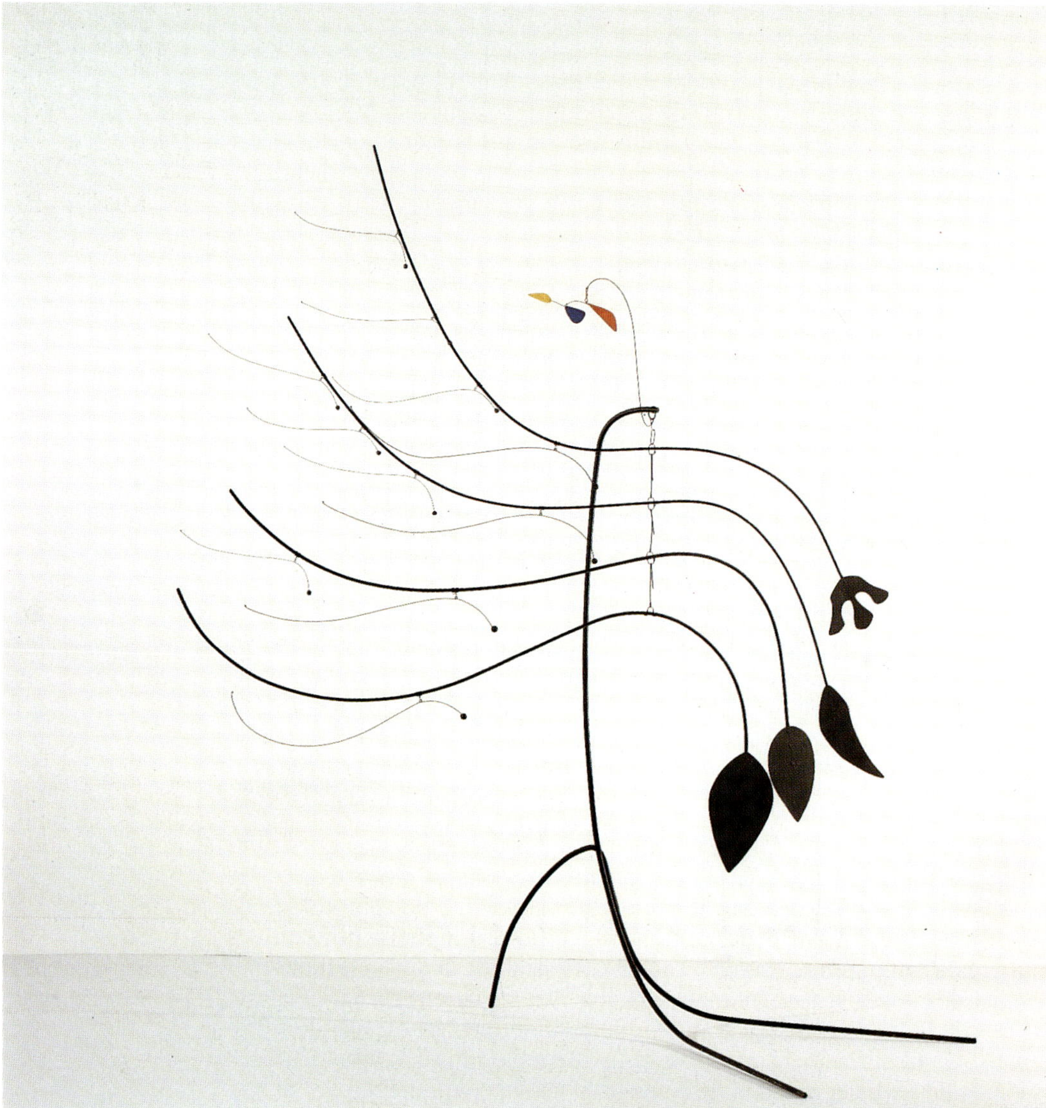

CALDER

le voleur de pesanteur

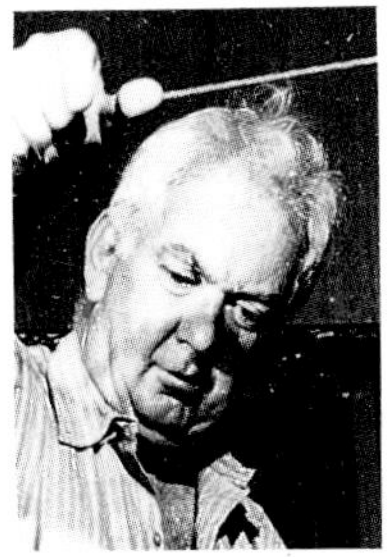

▲ Alexandre Calder, photographie.

Est-ce parce qu'il fabriquait des jouets et qu'il avait étudié la mécanique, que, dans les années 30, Alexander Calder matérialisa avec autant de poésie et de sens pratique l'idée de faire bouger la sculpture ? À partir de Calder, le volume s'agite. Il va, il vient, il tourne. Il s'envole aussi, parfois, jusqu'à disparaître.

Un souffle. Un balancement. Une forme qui oscille avec l'élégance d'un cou de girafe. Une sculpture ? Un dessin dans l'espace, à la rigueur ; un jeu de plans et de lignes souples ; une silhouette. *Quatre Feuilles et trois pétales,* indique son titre, comme démarre une poésie. « Acier peint », dit l'étiquette qui accompagne l'œuvre, comme pour donner du poids à l'étrange apparition. Un volume ? Bien sûr que non ! À moins que... cela ne bouge, cela ne creuse l'espace en se déplaçant, cela y imprime de manière éphémère une succession de points. Cette forme n'est une sculpture qu'à la condition qu'elle soit en mouvement.

Mobile en haut
Stabile en bas
Telle est la Tour Eiffel
Calder est comme elle
Oiseleur du fer
Horloger du vent
Dresseur de fauves noirs
Ingénieur hilare
Architecte inquiétant
Sculpteur du temps
Tel est Calder
Jacques Prévert.

et Calder créa le mobile

Quinze articulations différentes régissent les balancements de ce *mobile,* ainsi baptisé par Marcel Duchamp, qui aligne au bout de cinq principales tiges de fer forgé sept plaques de métal soudé. Peint en noir de la tête aux pieds, rehaussé de trois points de couleurs, cet objet que l'on hésite à baptiser « sculpture » donne au volume une quatrième dimension : le temps que prend le mouvement physique pour s'accomplir.

◄ **Alexander Calder** (1898-1976). *Quatre Feuilles et trois pétales* (1939). Acier peint : 206 x 178 x 121 cm.

le monde des jouets rencontre celui de la sculpture

Depuis sa sortie de l'école d'ingénieur en mécanique de Hoboken, en 1919, Calder fabrique des jouets beaux comme des poésies. Toute sa vie, il inventera pour ses amis, parmi lesquels figurent Brancusi, Picasso et Marcel Duchamp, des noeuds-papillons en bois peint, des fume-cigarettes en fil de fer tordu et des lunettes découpées dans de l'aluminium. Le gros monsieur pas sérieux n'en restera pas moins le premier agitateur de la sculpture moderne.

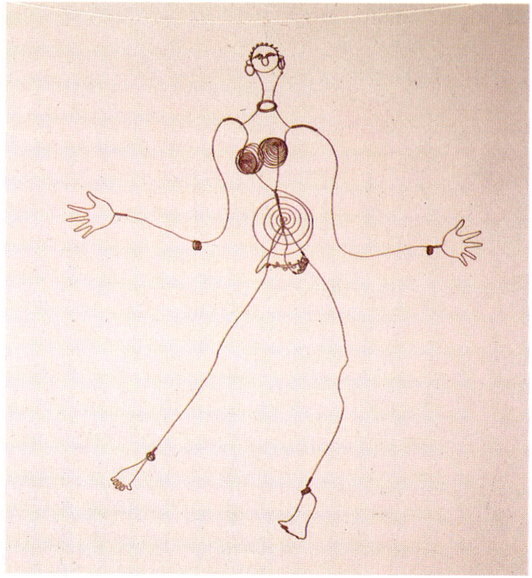

▲
Alexander Calder
Joséphine Baker
(1926).
Fil de fer :
101 x 95 x 25 cm.

Après les jouets, viennent des portraits en fil de fer tordu. Celui de *Joséphine Baker* est particulièrement réussi, avec ses spirales, dont le graphisme provoque des effets cinétiques. Celui de *La Mère de Joséphine Baker* aussi. À ses oreilles brinquebalent deux anneaux : deux boucles de fil de fer désolidarisées du reste de la forme. L'idée du mobile réside dans ce petit détail.

du cirque au musée

Calder, qui équipe les portes de sa maison de ficelles et de poulies pour les ouvrir à distance, et fait circuler entre les uns et les autres un pot de café, tord du fil de fer pour dessiner des portraits, dont certains éléments se balancent. Ils perdent progressivement leur allure figurative. Une plaque de métal danse alors au bout

Alexander Calder ►
Le Cirque
(1926-1931).
Fil de fer, tissu et objets usés :
200 figurines mesurant chacune quelques centimètres.
Whitney Museum of American Art,
New York.

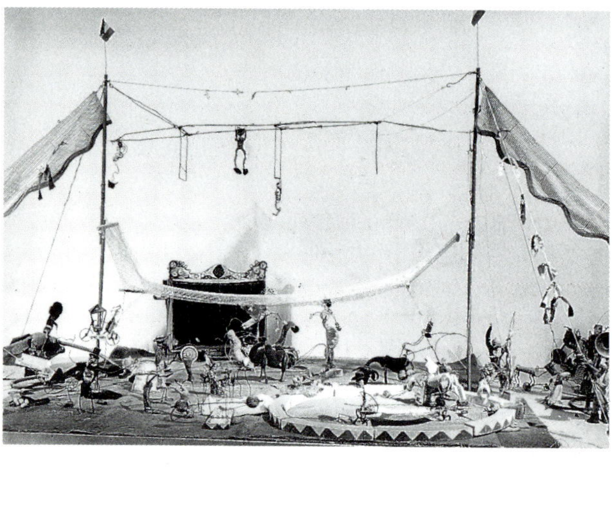

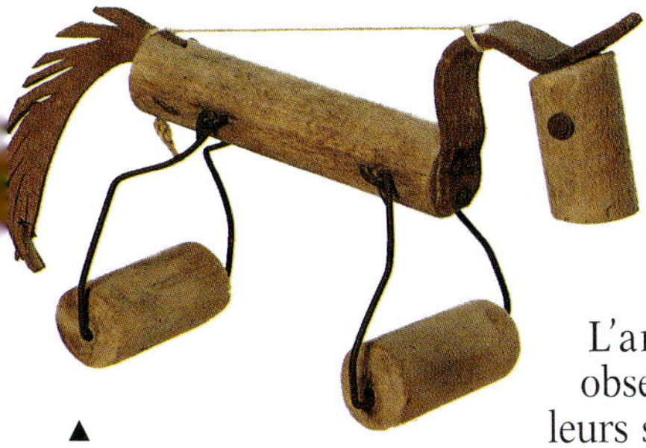

▲
Alexander Calder
Cheval (vers 1960).
Bois, fer et ficelle.

d'un fil, à quelques centimètres du plafond de l'atelier, équilibrée par une autre qui fait contrepoids à l'extrémité d'une tige métallique. L'artiste parle de « constellations » en observant ses premiers mobiles. Il décuple leurs silhouettes, pour raffiner leurs jeux graphiques. Il en fabrique plusieurs milliers. Des prototypes ? Pas exactement. Vers 1915, le Russe Tatline a déjà présenté des *Contre-Reliefs*, statiques mais sans socle, à installer dans le coin d'une pièce. En 1920, son ami Rodchenko a montré une *Construction suspendue*, constituée d'anneaux plats en bois, encastrés les uns dans les autres jusqu'à former une boule, se balançant au bout d'un fil de fer. Mais avec Calder, le mobile devient naturel.

Alexander Calder
Requin et baleine
(vers 1933).
Bois :
98 x 102 x 16 cm.

Lorsque ce ne sont pas les étoiles qui inspirent Calder, ce sont les océans. Mouvement de l'air ou mouvement de l'eau, mouvement toujours.
▼

du mobile au stabile

La sculpture suggère le mouvement, la peinture suggère la profondeur ou la lumière. Calder ne suggère rien : il attrape de vrais mouvements vivants et les façonne. Ses mobiles ne signifient rien, ne renvoient à rien qu'à eux-mêmes : ils sont, voilà tout ; ce sont des absolus.
Jean-Paul Sartre, 1946.

Afin qu'ils puissent être installés même là où il n'y a pas de plafond, en plein air notamment, Calder monte parfois ses jeux de tiges et de plaques sur un pied de métal soudé. Séduits, quelques architectes de New York commandent des agrandissements de ces œuvres. À partir de 1962, l'artiste leur propose aussi des formes abstraites, monumentales, dont il supprime la partie mouvante. Hans Arp les appelle des *stabiles*. Calder dit qu'ils évoquent pour lui la coque des cargos intercontinentaux. Celle qui se balance sur les flots, aux quatre coins du globe.

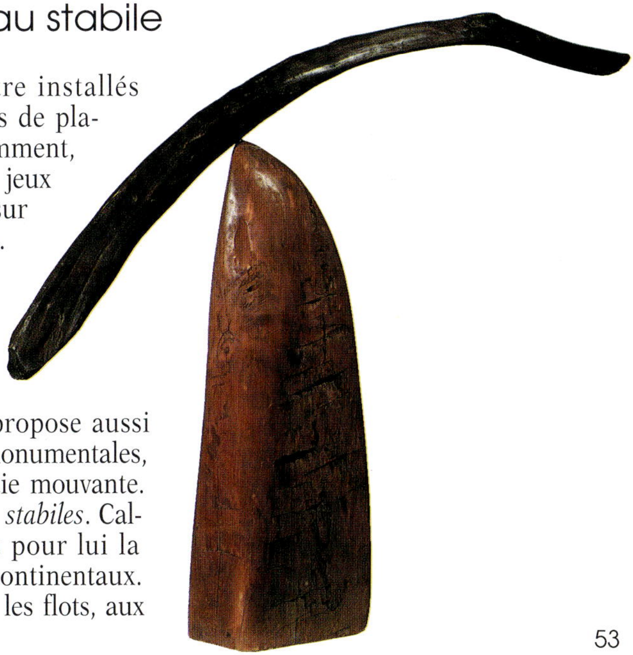

la sculpture grimpe aux murs et se colle au plafond

Fondée sur les principes physiques du poids, du balancier et de l'équilibre précaire, la sculpture mouvante fait école au milieu du XXe siècle. Les « suspensions » et les « pénétrables » du Vénézuélien Soto invitent leurs spectateurs à se glisser dans des espaces abstraits et secrets, conçus à partir de tiges métalliques ou plastiques suspendues. L'Italien Munari travaille avec des fils de soie, l'Anglais Chadwick avec du cuivre, et le Groupe de Recherche d'Art visuel de Paris avec tout à la fois. Modernité rime avec mobilité.

Calder a toujours été un ingénieur. Il a habillé les forces de son ingénierie d'imagination joyeuse et de son sens agile de la beauté. Mais la source de son art demeure les poussées, les tensions, les portances, les équilibres, les forces de gravitation que lui, l'ingénieur, se met à ajuster et à joindre ensemble.
Robert Osborne, 1969.

érotisme et transformation

Même Giacometti expérimente une suspension. Pour son aspect érotique, précise-t-il. Certains artistes,

Alexander Calder ►
Grande Nageoire (1964).
Acier peint :
455 x 510 x 610 cm.

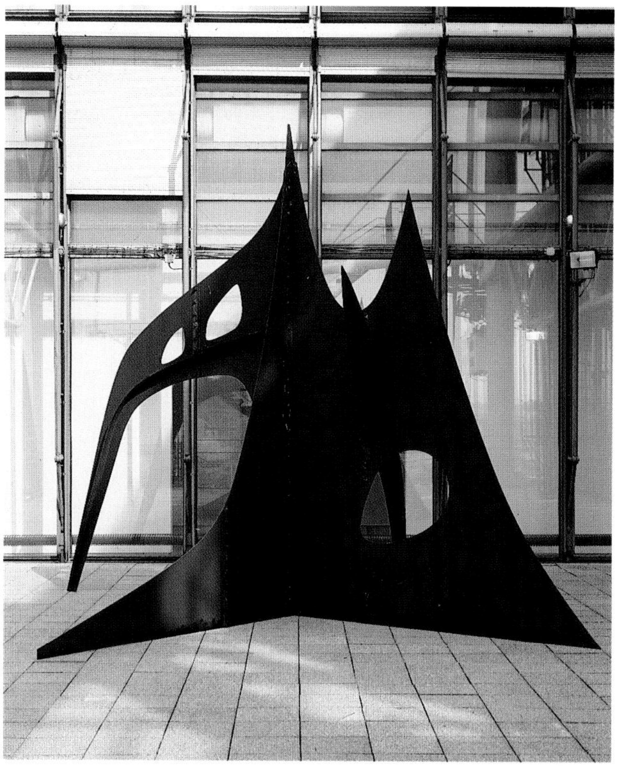

Diabolo
Dans les années 80, l'artiste allemand Axel Cassel interroge l'esprit du mouvement en faisant dialoguer des formes dynamiques statiques, en bois sculpté, avec un module fixé au bout d'un fil, qui tourbillonne grâce à un moteur. Disposées face à face, les deux manières de faire vibrer la sculpture moderne ne se complètent pas : elles dialoguent et rebondissent.

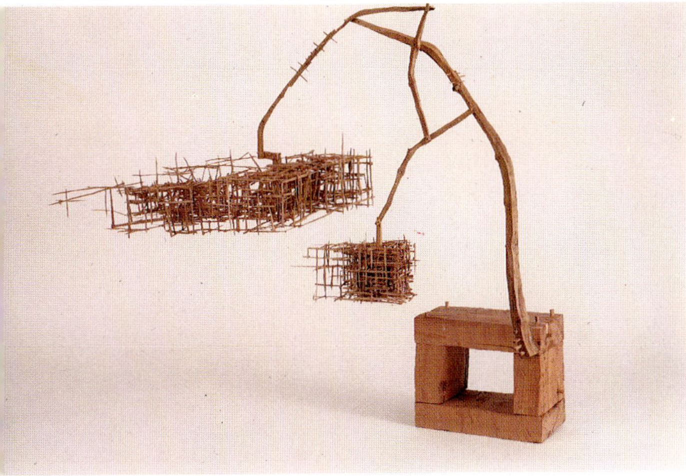

◄ **Ludwika Ogorzelec** (née en 1953). *Instrument d'équilibre* (1989). Bois chevillé : 90 x 100 x 30 cm. Collection de l'artiste, Le Blanc-Mesnil.

comme Gerstner ou Mortensen, réfléchissent également à la forme en perpétuelle évolution, grâce à une série d'œuvres baptisées les « transformables » : le spectateur peut en déplacer quelques éléments, emboîtés, aimantés ou munis de fermetures à glissière.

Dans les années 80, la structure de la sculpture tend à se figer à nouveau. Le principe dominant de *l'installation* invite surtout celui qui regarde l'œuvre à se mouvoir, afin de l'arpenter. L'artiste polonaise Ludwika Ogorzelec renouvelle toutefois le principe du mobile, en articulant des volumes sobres aux très grands formats parfois, fabriqués à partir d'une multitude de branches de bois, d'éclats de verre ou de tiges d'acier tressés, collés ou chevillés. L'impression organique et puissante qui se dégage de leurs balancements silencieux contraste avec les espaces urbains qui leur servent d'écrins.

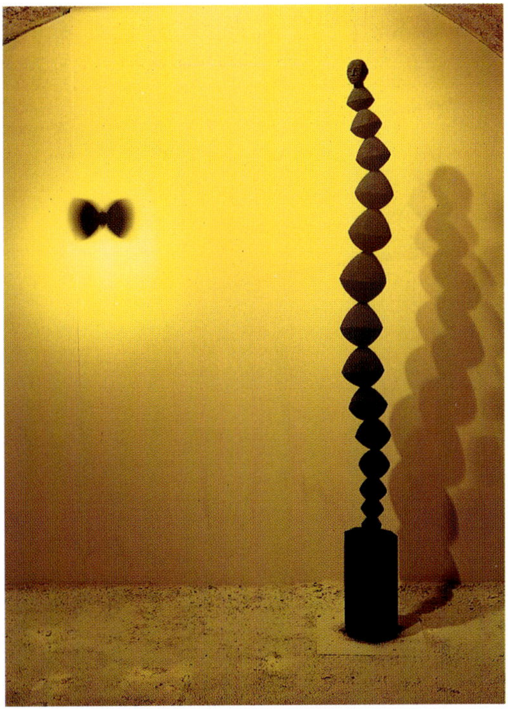

Axel Cassel ► (né en 1955). *Diabolo* (1993). Bois peint, ficelle et moteur électrique : 180 cm. Galerie Tadeusz Koralewski, Paris.

C'est à partir du mouvement de rotation d'un jouet de ses enfants, que Cassel mène une réflexion sur les différentes formes de représentation du mouvement.

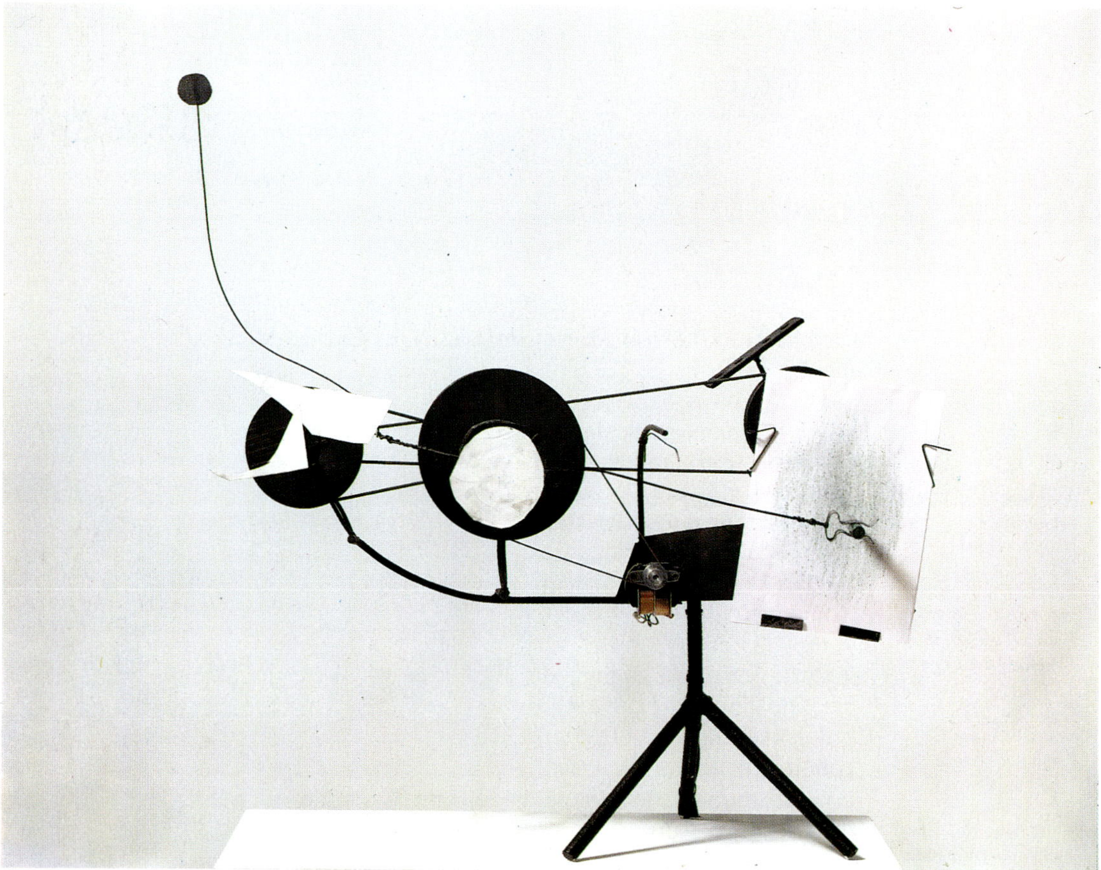

▲
Jean Tinguely
(1925-1991).
Méta-Matic n° 1
(1959).
Objets, acier et moteur
électrique :
96 x 85 x 44 cm.

TINGUELY

le sculpteur à explosion

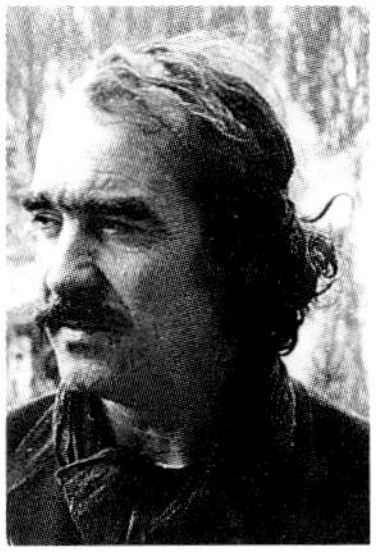

▲
Jean Tinguely, photographié en 1971.

Un grincement, insistant, souligné par un frottement, pas de doute, il s'agit d'une sculpture de Tinguely, une forme bricolée, brinquebalante et bruyante. En mettant des moteurs aux volumes qu'il invente à partir de matériaux récupérés, le sculpteur suisse leur donne l'allure de marionnettes fatiguées. Et en plus, elles savent dessiner.

Quelques tiges et cinq plaques de fer découpées, soudées ou articulées entre elles, s'organisent en une forme plutôt horizontale, juchée sur un petit trépied également soudé. Au bout de l'une des tiges, qu'un moteur agite en permanence, un crayon feutre va et vient. Sous sa pointe, une feuille de papier se couvre de lignes vaguement parallèles, avec la constance du geste d'un enfant autiste.

Le bruit de la sculpture
En 1955, Tinguely participe à l'exposition *Le Mouvement* dans la célèbre galerie parisienne de Denise René, avec Duchamp, Calder, Bury, Agam, Soto, etc. La même année, Tinguely montre au *Salon des Réalités nouvelles* des casserolles, des bouteilles, des entonnoirs et des verres frappés par des petits marteaux. Plus que l'espace parcouru, le mouvement devient le bruit entendu.

tic-tac et ping-pong

Le *Méta-Matic n° 1* s'agite ainsi depuis maintenant trente-cinq ans. Jean Tinguely lui supposa-t-il une telle longévité lorsqu'il l'exposa, en 1959, parmi une vingtaine d'autres sculptures similaires ? Quatre mille dessins furent alors réalisés, pour la joie de plus de 5 000 visiteurs, parmi lesquels Marcel Duchamp et Hans Arp. La sculpture faisait du théâtre, le spectateur se transformait en acteur. Grincements et sourires accompagnaient l'œuvre dont la forme rendait hommage à Calder. Tinguely avouait souhaiter reprendre le flambeau de l'artiste américain.

mobiles à manivelle, à moteur, et à musique

En 1939, Tinguely découvre à l'école des arts appliqués de Bâle le principe du collage. Au plafond de son appartement, il installe un moteur auquel il suspend des objets qu'il fait tourner jusqu'à leur destruction. Il fabrique aussi des reliefs muraux abstraits, puis des rouages en fil de fer, actionnables à la manivelle : les *Méta-mécaniques*, baptisés ainsi par le critique d'art Pontus Hulten. Quelques plaques de métal découpées, peintes de couleur vive, intégrées aux ensembles, révèlent un souci classique de plasticité. Tinguely est encore dans une logique traditionnelle de sculpteur.

Il revient aux artistes de renoncer au romantisme poussiéreux du pinceau, de la palette, de la toile et du châssis, pour s'intéresser aux machines. À eux, l'apprentissage de l'anatomie et du langage mécaniques ! Comprendre la vraie nature des machines permet d'en détourner le sens.
Munari, *Manifeste du Machinisme,* 1952.

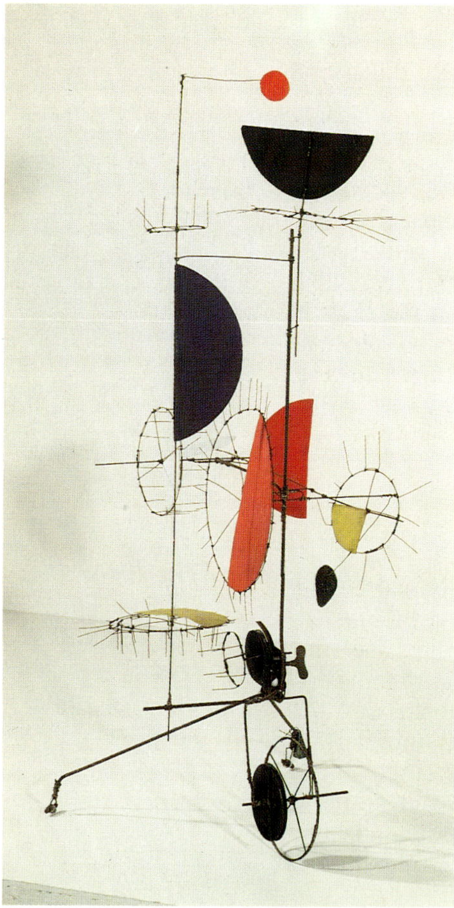

◄ **Jean Tinguely**
Sculpture méta-mécanique automobile
(1954).
Objets et fer peint : 134 x 79 x 56 cm.

concerts à explosions

Avec sa femme Eva Aeppli, qui fabrique des marionnettes, Tinguely s'installe ensuite à Paris. Munari, un fabricant italien de « machines inutiles », vient de publier un *Manifeste du Machinisme* qui séduit le sculpteur. C'est alors, en 1960, que Tinguely assiste à un accident sur un circuit automobile : une voiture explose et percute la foule. Quatre-vingt-deux personnes meurent, cent soixante sont à l'hôpital. Le sculpteur réalise quelques mois plus tard l'*Hommage à New York,* une œuvre destinée à s'autodétruire par le feu, à partir de quatre-vingts roues de bicyclettes, de pièces de moteur, d'un piano, etc.
Champion de la soudure électrique, qu'il a découverte grâce à l'artiste Stankiewicz, Tinguely devient le sculpteur de l'absurde. Il organise

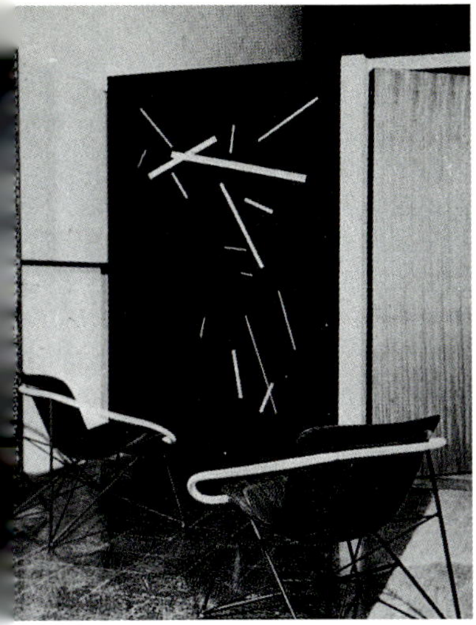

des cortèges de machines roulantes, en ferraille, agitées de soubresauts. Hommages à l'ultime résistance, il les baptise les *Baloubas,* du nom d'une ethnie congolaise alors opprimée.

Jean Tinguely
Méta-Malévitch (1954).
Bois, fer et moteur électrique : 195 x 126 cm.
Collection Arturo Schwarz, Milan.

Des plaques de bois montées sur des pivots passent à travers un grand panneau, derrière lequel un mécanisme proche de celui d'une horlogerie entraîne le mouvement. Quelques architectes s'intéressent au principe mis au point par Tinguely en 1954.

des roues et de la rouille

En 1970, *La Victoire* brûle sur le parvis de la cathédrale de Milan, au son de *L'Internationale* et de *O Sole Mio*. Elle a la forme d'un sexe masculin et mesure onze mètres. Tinguely cherche désormais l'immatériel, sculpte le son, la lumière et l'odeur. *L'Étude pour une fin du monde n° 2*, un assemblage monumental installé dans le désert du Névada, disparaît juste après qu'un photographe l'eut immortalisé.
La sculpture en évolution, dans le temps, prend au début des années 80 la place de l'œuvre en mouvement, dans l'espace : Tinguely ajoute interminablement des objets trouvés à ses nouveaux assemblages. Des os d'animaux dialoguent avec des pièces de mécanique et des accessoires féminins dans les œuvres ultimes, les *Mengeles,* réalisées entre deux infarctus.

L'œuvre collective
Inauguré par les artistes surréalistes dans les années 20, conforme à la logique de l'assemblage, le principe de l'œuvre réalisée en communauté convient à Tinguely. Avec sa compagne Niki de Saint-Phalle, il réalise de nombreuses fontaines parmi lesquelles celle du Centre Georges Pompidou. Dès les années 60, Tinguely travaille pour des décors de théâtre et des sculptures monumentales avec ses amis sculpteurs. À Milly-la-Forêt près de Fontainebleau, il invite une dizaine d'entre eux à bâtir avec lui une maison sculpture aux allures de tête humaine, *Le Cyclop*.

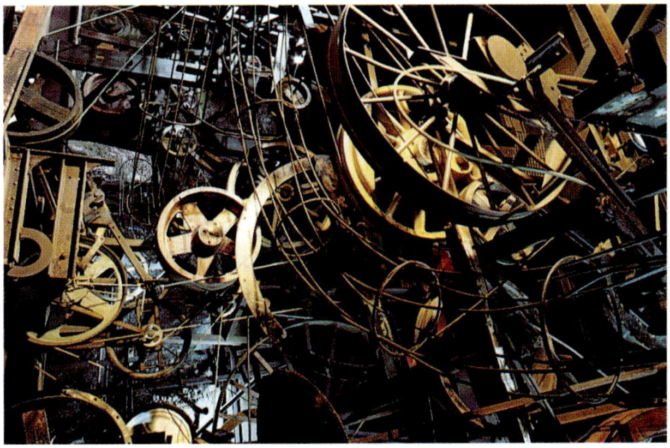

Jean Tinguely
Le Cyclop (1970-1991), détail du mécanisme intérieur.
Fer, miroir, objets et matériaux de construction : 22,5 m.
Association *Le Cyclop*, Milly-la-Forêt.

À l'intérieur de la tête, un jeu monumental de rouages entraîne la circulation d'une série de boules métalliques dans des conduits en fil de fer, qui font le tour de la construction avec fracas.

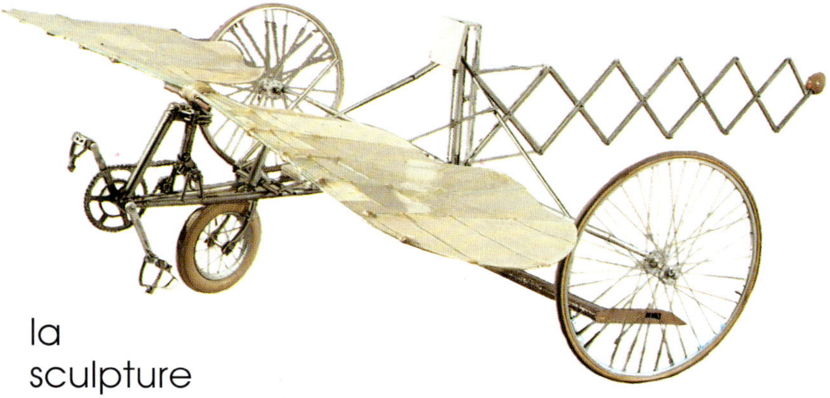

◄ **Panamarenko** (né en 1940). *Méganeudon I* (1971-1972). Aluminium, balsa, exposite, soie : 83 x 103 x 404 cm.

Fasciné par Léonard de Vinci, le Belge Panamarenko invente, depuis les années 70, des machines impraticables mais poétiques. Le mouvement de ces sculptures est virtuel. Son allure élémentaire rappelle la *Roue de bicyclette* de Duchamp.

la sculpture prend l'eau, le feu et l'air

Catalysant les aspirations d'une partie des artistes du XXe siècle, Tinguely banalise la forme en mouvement, sacralise celle de la machine et propose des sculptures branchées, à entendre, à respirer et à actionner. Dans son sillage, le mobile électrique se diversifie. Les éclairages, les magnétophones, les postes de radio et de télévision se glissent dans les dessous des formes désormais moins sculptées que récupérées et assemblées. Le Coréen Nam June Paik utilise, par exemple, les écrans comme des taches de couleur évolutives.

Robert Rauschenberg ► *Oracle* (1962-1965). Acier, objets, postes émetteurs, 5 éléments : 178 x 115 x 60 ; 158 x 236 x 47 ; 160 x 133 x 85 ; 143 x 116 x 73 ; 149 x 140 x 40 cm.

Dans la deuxième moitié du XXe siècle, la sculpture se branche souvent sur le réseau électrique. Elle s'allume, s'agite, parle ou fait de la musique.

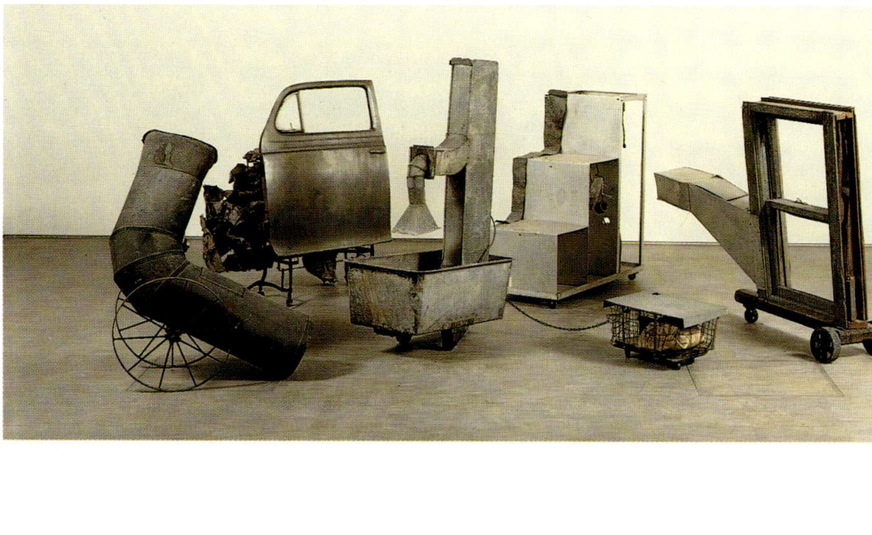

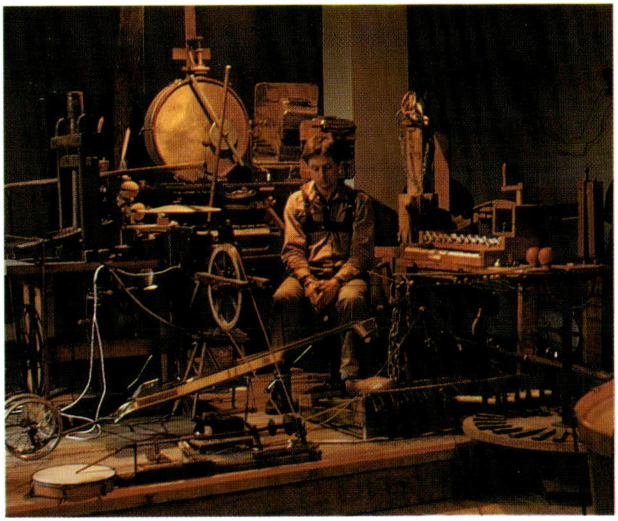

Mauricio Kagel (né en 1931). *Deux hommes orchestres* (1971-1973). Instruments de musique, objets et ficelle : 300 x 600 x 1 000 cm. Gemeentemuseum, La Haye.

Il arrive que les salles d'exposition des musées d'art moderne se transforment en théâtre où acteurs et spectateurs se mêlent.

machines à rêver

Du mouvement au geste
Le désir de l'œuvre en mouvement conduit l'artiste à considérer le corps vivant : celui du spectateur, chargé de mettre la sculpture en mouvement, mais aussi celui du modèle et celui du sculpteur lui-même. Metteur en scène, il introduit alors l'être humain parmi les matériaux de l'œuvre en trois dimensions. La sculpture fait du théâtre et donne des concerts.

Une nouvelle définition du beau, liée à celle de l'utile hors d'usage, se répand. L'Américain Rauschenberg y contribue particulièrement. À partir des années 70, certains sculpteurs en inversent la logique : ils fabriquent des nouvelles mécaniques, qui fonctionnent parfaitement mais ne produisent « rien ». L'Américain Oppenheim et le Belge Panamarenko, excellent en particulier dans les dessins préparatoires, les maquettes et les prototypes de ces machines à rêver.

la sculpture éphémère

D'autres expérimentations mobiles, combinant un grand nombre d'accessoires, se déroulent à partir des années 60 : pendant que les Hongrois Kosice et Marta Pan présentent des sculptures hydrauliques, Yves Klein puis Christian Jaccard utilisent la pyrotechnie. La sculpture se libère de la matière. Elle travaille avec la mémoire de ses spectateurs et, ce faisant, correspond davantage au monde du spectacle qu'à celui du musée. Si le mouvement se répète, toujours il s'achève.

Bruit et mouvement
Pour indiquer le temps de leurs évolutions, les mouvements de la sculpture sont souvent bruyants. Traditionnellement considérés comme des lieux de contemplation et de recueillement, les musées rompent avec les habitudes lorsqu'ils abritent des sculptures modernes. Leurs sons guident les pas des visiteurs et les rythment.

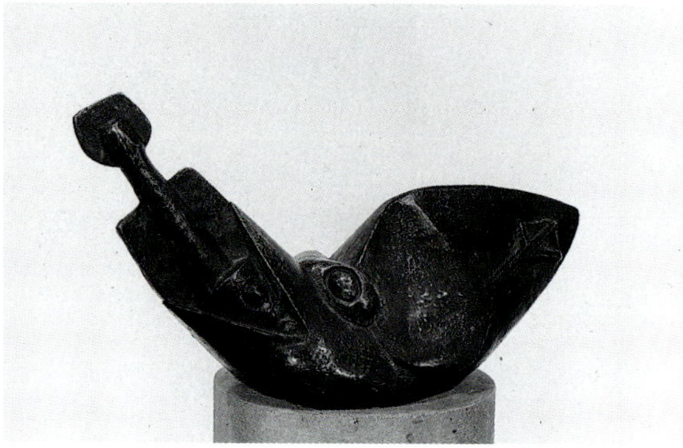

▲
Henri Gaudier-Brzeska
(1891-1915).
Oiseau avalant un poisson
(1913).
Bronze : 32 x 61,5 x 29 cm.

Ce sujet animalier s'éloigne d'une représentation naturaliste et cherche un équilibre entre des formes organiques et géométriques.

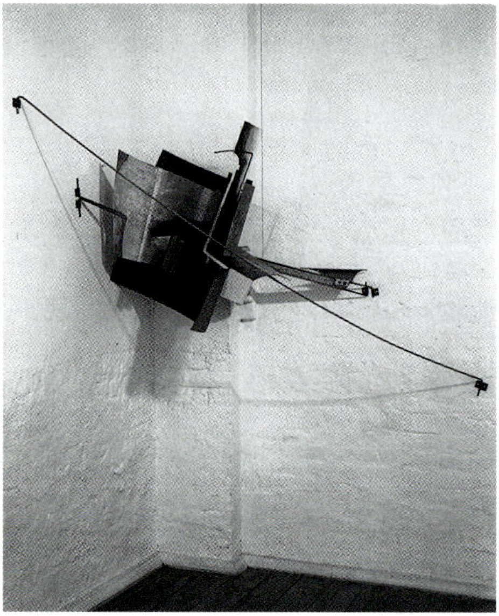

▲
Vladimir Tatline
(1885-1953).
Contre-relief d'angle
(1915).
Fer, zinc et aluminium :
78,7 x 152,4 x 76 cm.
Photo d'archives
(œuvre disparue).

Les « objets » de Tatline, faits à partir de matériaux utilisés dans l'industrie des bâtiments (métal, bois, carton, mastic, goudron), sont à la fois rudes et d'une grande austérité.

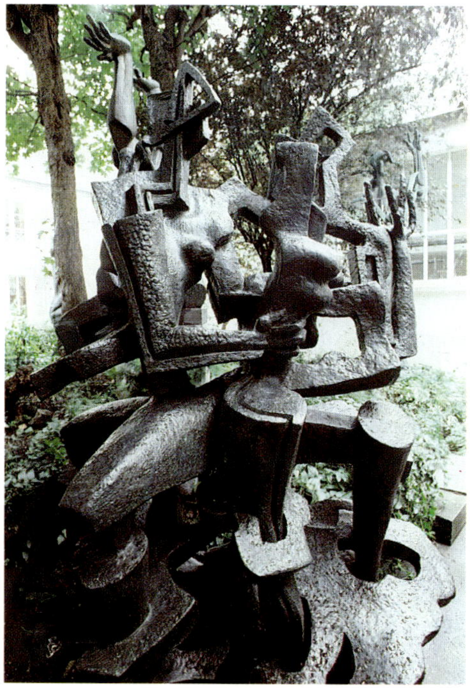

Ossip Zadkine ▶
(1890-1967).
Vue du jardin
du musée Zadkine,
Paris, été 1995.

Les corps se transforment en combinaison de creux et de reliefs pour construire un rythme saccadé.

La tentation abstraite

L'emploi du terme « abstraction » pour la sculpture serait-il un non-sens ? S'abstraire, dont le sens étymologique suggère l'éloignement du concret et le rapprochement avec l'immatériel, va à l'encontre de la ronde-bosse, celle-ci étant depuis toujours fabriquée à l'aide de matériaux tactiles et tangibles. La sculpture exprimerait-elle alors, avant tout, la primauté d'une matière riche en pouvoirs et en rythmes auxquels le geste artistique se soumettrait ?

C'est poser sur le travail esthétique un regard par trop candide et oublier que tout artefact, aussi « matérialiste » soit-il, porte en germe la volonté de traduire une idée, un sentiment, un concept. Pas plus que la peinture, faite de pigments fixés sur un support par un liant, l'aspect tridimensionnel de la sculpture ne la transforme en un simple objet. Métamorphosée, porteuse de sens, elle capte et transmet l'intention de l'artiste sans faire la distinction entre une forme figurative ou de toute autre nature.
La sculpture s'approche de l'abstraction timidement car souvent elle emboîte le pas à la peinture. Ancrée dans une tradition où la figure conserve une valeur fétichiste, avatar de sa fonction religieuse ou commémorative, la sculpture hésite longtemps avant de se lancer dans l'aventure ; tout lui laisse croire qu'abandonner la figuration implique de perdre non seulement le sujet mais également sa spécificité en tant qu'objet artistique.

Si ce processus suit de près le cheminement cubiste, c'est que Picasso, Braque et Gris s'engagent dans une voie qui transgresse radicalement le principe de la représentation illusionniste, détruisant chemin faisant la tradition du volume et du relief dans l'espace pictural. Plus que la peinture, la

Max Bill (né en 1908). *Ruban sans fin* (1935-1953). Granit de Wassen : 130 x 175 x 190 cm.

Un nœud en granit, l'œuvre de Max Bill décrit dans l'espace une forme ouverte qui s'enroule autour d'elle-même. ►

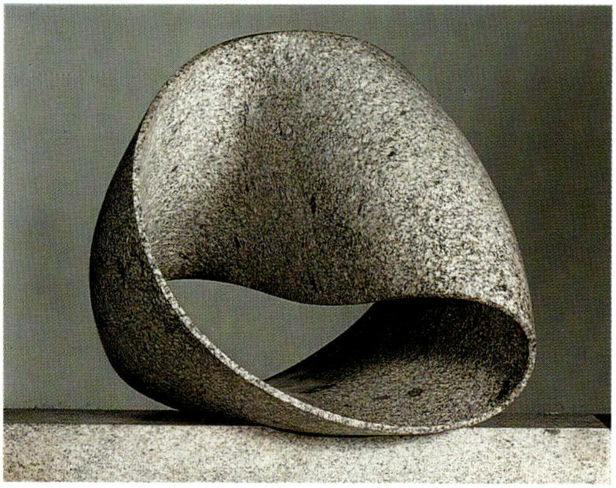

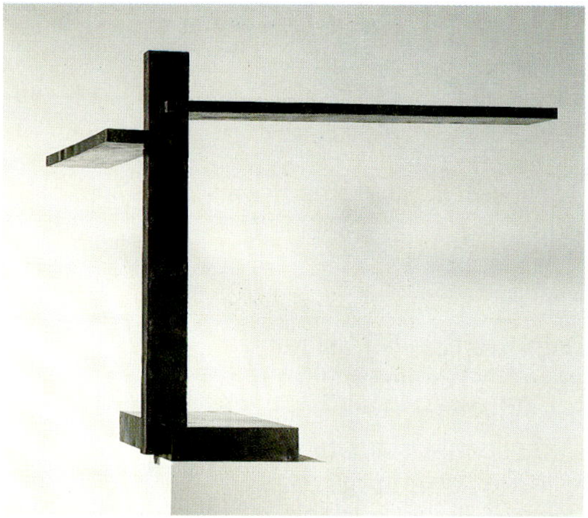

Katrzerina Kobro (1898-1951). *Sculpture spatiale* (vers 1928). Acier peint : 44,8 x 44,8 x 46,7 cm. ▼

Interpénétration de l'espace intérieur et extérieur, recherche d'une harmonie discrète mais parfaite, le travail de Kobro vise l'organisation des formes et de leurs rapports.

▲
Georges Vantongerloo (1886-1965). *SxR/3* (1933-1934). Fer : 100 x 100 x 100 cm.

Une équation ? Le titre de cette sculpture révèle l'axe de recherche principal de Vantongerloo : des rapports mathématiques entre des volumes en espace.

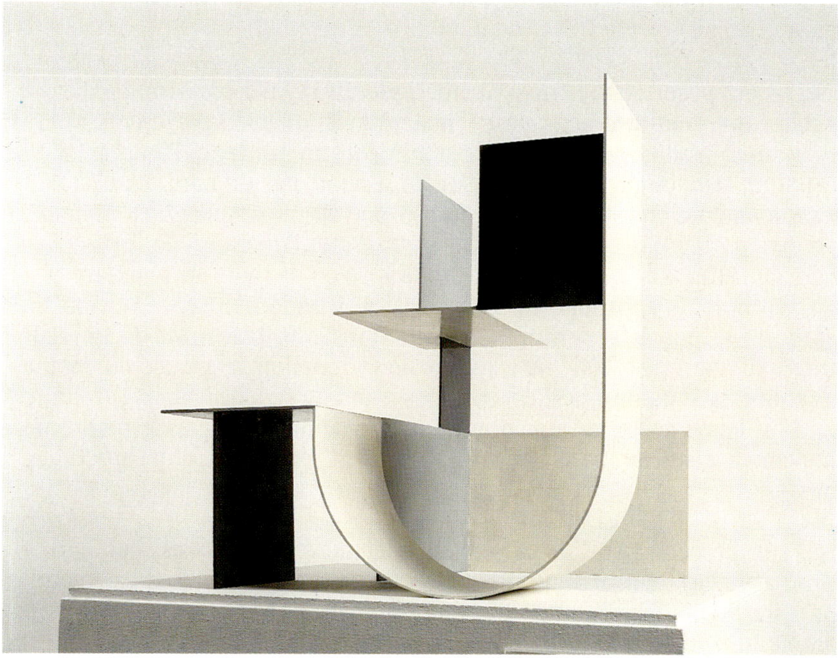

sculpture leur permet d'incarner tous les effets de la discontinuité, de la fracture. Les figures, traitées par des sculpteurs cubistes, tels Archipenko, Zadkine, Henri Laurens, se décomposent en des plans minces et simplifiés. Le corps qui reste encore au centre de la sculpture cubiste est un corps lacunaire, évidé.
Lentement, la sculpture se libère du corps. La figure entière et de plein relief, représentant un homme ou une femme, une divinité, un animal ou un dieu, devient, selon la spécialiste de l'histoire de la sculpture Margit Rowell, une interprétation moderne de la forme artistique en trois dimensions ; c'est une création autonome, sans fonction déterminée et dont l'iconographie, les techniques, les matériaux et les dimensions peuvent de ce fait varier à l'infini. La représentation devient une présentation, voire une présence.

Pour commencer, la sculpture quitte son piédestal. Les *Contre-reliefs* de Tatline, le chef de la mouvance constructiviste en Russie, sont suspendus dans les angles des murs en 1915. La modernité surprenante de ces œuvres, les sarcasmes qu'elles déchaînent, expliquent peut-être que la seule trace qui nous en reste soit des reproductions photographiques.
Parfois, le simple titre d'une œuvre fait office de programme. Ainsi *Sculpture spatiale* et *Sculpture d'espace* sont les deux désignations qu'attribue Katrzerina Kobro, une élève polonaise de Malevitch, à son travail. Élaborées à partir de formes élémentaires, de surfaces droites unifiées par un plan courbe, ouverte de tous les côtés, ces structures harmonieuses s'inscrivent dans un espace tout en l'articulant.

L'économie des moyens et la pureté de la ligne se reflètent dans la tendance géométrique qui domine l'art des années 30. *Abstraction-Création*, *Cercle et Carré*, le *Bauhaus*, *De Stijl*... Tous ces groupes d'artistes d'avant-garde cherchent à réduire leur production à l'essentiel, à la simple construction, à l'exclusion de tout élément décoratif ou superflu.
La fin d'une aventure ? Le *Ruban sans fin* de Max Bill incarne le principe géométrique de Möebius, selon lequel un plan tordu à 180° dans le sens de sa longueur devient une création dans l'espace. La formule mathématique aboutit alors à une forme organique, évoquant une autre abstraction, plus souple, plus sensuelle.

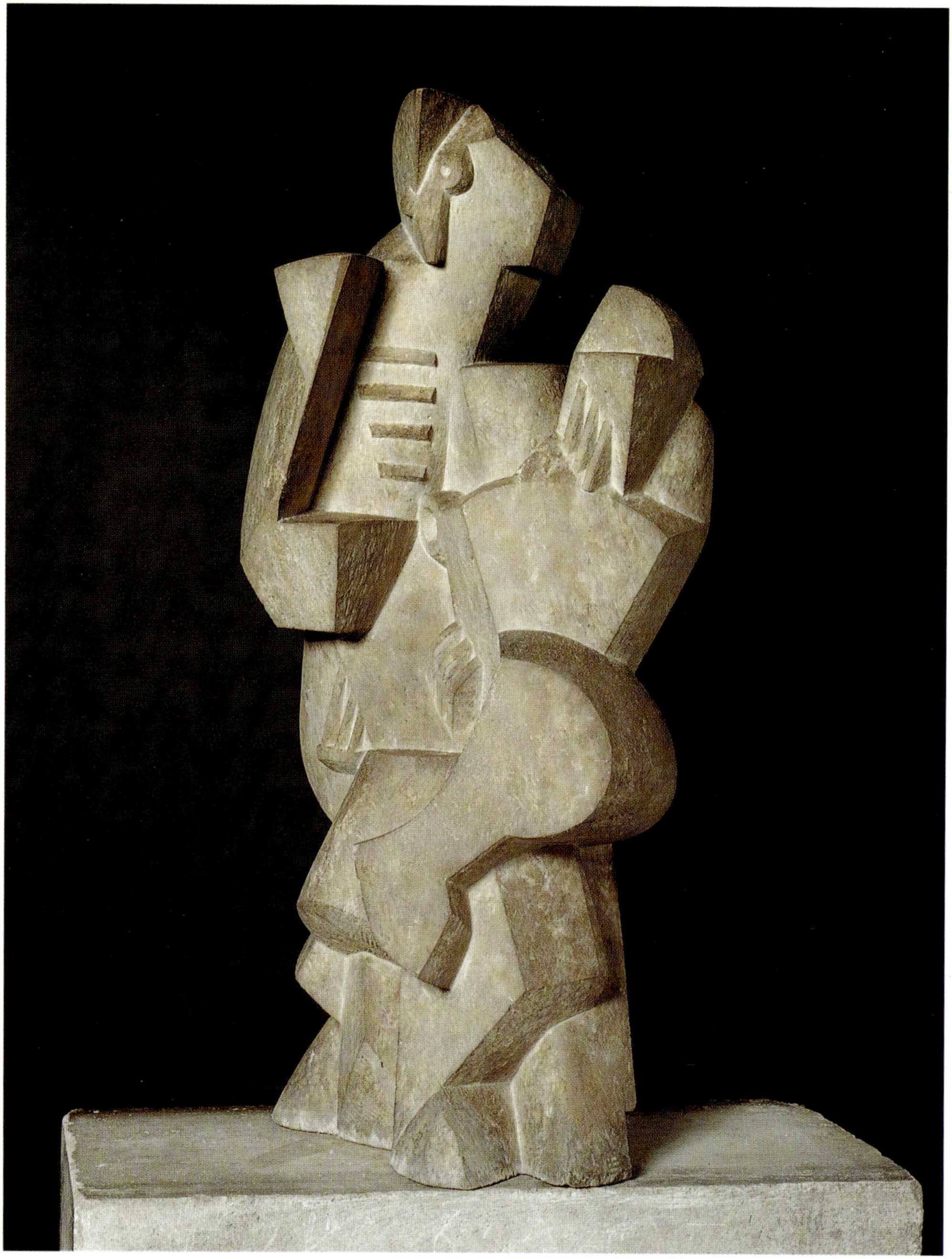

LIPCHITZ

le géomètre

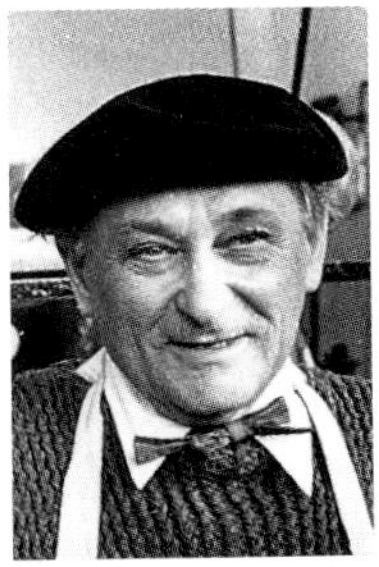

▲ Jacques Lipchitz, photographié en 1957.

Le *Marin à la guitare*, une sculpture large et frontale de 1914, fait corps avec un support massif. Il surgit d'un bloc de pierre à peine dégrossi, qui donne l'impression de cacher encore des formes en devenir.

Un personnage au dos courbé pose une main lourde sur une guitare placée sur ses genoux. Les parties de l'instrument musical représenté éclaté se confondent avec celles du corps de la personne. Les trois cordes de celui-là se prolongent sur les différents plans de celui-ci. Quatre stries horizontales indiquent, quant à elles, la position des doigts sur le manche de la guitare.
La massivité de cette figure n'est pas le résultat de formes géométriques assemblées, mais celui d'une construction à partir d'éléments anthropomorphiques schématisés. Avec cette combinaison de creux et de reliefs, au rythme syncopé, Lipchitz réussit l'agencement des plans entre eux. Il crée des zones d'ombre et de lumière à articulations dynamiques.

Je découvrais soudain que le volume plastique est créé par l'ombre et la lumière. Lorsque les formes d'une sculpture sont anguleuses, lorsque la surface est brisée par des plans, la lumière fait ressortir les qualités réellement sculpturales de la figure.
Lipchitz.

la sculpture à facettes

Cette sculpture est la version définitive du même sujet, déjà traité en 1914, sous une forme qui demeure encore proche de la réalité. Les deux œuvres, de même que *L'Homme à la mandoline*, ont en commun de combiner la figure humaine avec un élément de nature morte, sujet de prédilection des peintres cubistes. De par son aspect familier, elle permet une certaine liberté et tolère la déformation. La décomposition de l'objet, de la guitare du *Marin* de Lipchitz, intègre la leçon picturale du cubisme.

◄ **Jacques Lipchitz** (1891-1973). *Marin à la guitare* (1914). Bronze : 79 x 21 x 21 cm.

des plans, des volumes, des directions, des mouvements

Arrivé à Paris quelques années avant la Première Guerre mondiale, Jacques Lipchitz fait partie de la diaspora juive-russe qui, avec Marc Chagall et Chaïm Soutine entre autres, est attirée par l'avant-garde réunie dans la capitale française.

Le moment est bien choisi car l'activité artistique bat effectivement son plein. Fauves et cubistes présentent leurs œuvres dans différents salons et les débats sur la nouvelle esthétique s'animent autour des personnalités d'Apollinaire et de Max Jacob. Lipchitz, toutefois, n'adhère pas immédiatement à ces courants révolutionnaires. Les premières années de son séjour sont consacrées au long apprentissage d'un métier, d'une formation classique.

Apollinaire
Comme souvent, ce sont les écrivains et les poètes qui encouragent et formulent les nouvelles théories esthétiques. Apollinaire, surtout, s'engage très tôt dans l'activité de critique d'art et, résolument moderniste, porte secours aux fauves. Il fait paraître en 1913 *Les Peintres cubistes, méditations esthétiques*, un ouvrage qui explique et défend cette nouvelle approche plastique.

la famille cubiste

C'est la rencontre avec Picasso, Archipenko et surtout Juan Gris, avec lequel il se lie d'une longue amitié, qui est déterminante pour Lipchitz. Ces derniers ne cherchent plus à traduire un sentiment par une figure explicite ni à donner de belles proportions à une forme connue, mais plutôt à suggérer, par des plans et des volumes non continus, des directions ou des mouvements. Si le cubisme bouscule la peinture, il est normal que la sculpture, qui est volume et espace, le subisse aussi profondément. L'aventure cubiste de Lipchitz est à ce titre exemplaire.

Ses sculptures, toujours morcelées et géométriques dans leur aspect général, vont perdre le caractère anguleux et abrupt des œuvres plus anciennes. L'ordonnance reste géométrique, mais le libre épanouissement des courbes souples donne davantage

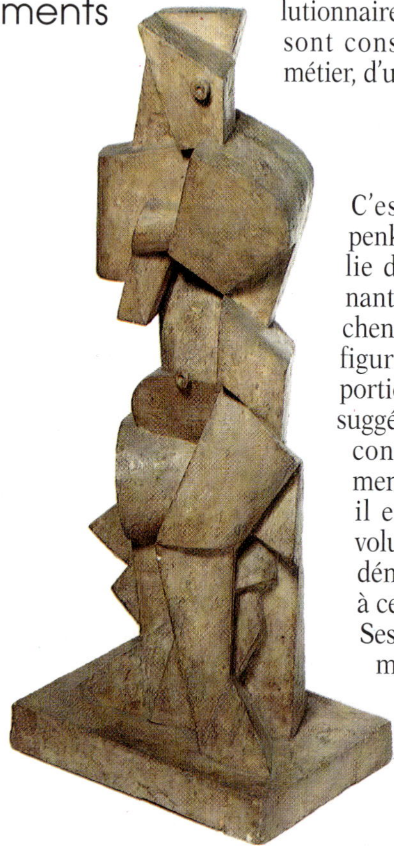

◄ **Jacques Lipchitz**
L'Homme à la mandoline
(1917-1918)
Plâtre patiné :
80,8 x 29,5 x 29,5 cm.

Une figure monumentale, schématisée à l'extrême : les formes réelles sont réduites à des constructions géométriques. L'œuvre se morcelle pour devenir une agglomération de plans, de cavités et de saillies.

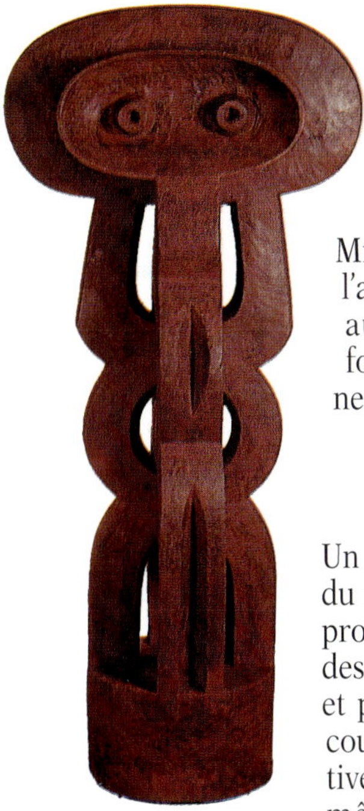

d'ampleur aux compositions. *Figure*, à l'origine une commande pour le hall d'entrée d'une villa, est refusée par son commanditaire, Mme Tachard, effrayée par l'audace plastique de l'artiste. L'œuvre garde un vocabulaire emprunté au répertoire cubiste mais en reprenant des formes inspirées des arts primitifs, qui lui donnent un aspect totémique et énigmatique.

◄ **Jacques Lipchitz**
Figure (1926-1930).
Plâtre peint :
220 x 95 x 75 cm.

Des formes arrondies composent une figure mystérieuse et inquiétante. La comparaison avec l'art africain qui s'impose, doit, selon Lipchitz, « être comprise seulement dans un sens très général ».

retrouver la figure

Un certain retour vers la représentation organique du monde fait qu'à partir des années 30, Lipchitz produit des scènes d'une expression plus lyrique, des couples d'amants enlacés, aux formes massives et pleines, dans un mouvement baroque. Son parcours cubiste le libère de toute obligation imitative et lui permet une œuvre qui traite avec la même aisance des sujets figuratifs ou des thèmes abstraits.

Henri Laurens

L'évolution artistique d'Henri Laurens suit un chemin semblable à celui de Lipchitz. Une décomposition radicale de la représentation est talonnée par un retour marqué vers des figures amples et imposantes. Initié au cubisme par son voisin de Montmartre, Braque, avec lequel il noue une amitié durable, Laurens trouve ce mouvement « hallucinant ». Quelques années plus tard, il adhère à cette expérimentation majeure du début du XXe siècle. De façon étonnante : ses premières œuvres sont d'une hardiesse exceptionnelle. Ce sont des assemblages, à partir de matériaux divers, où le carton se mélange à la tôle et au fil de fer.

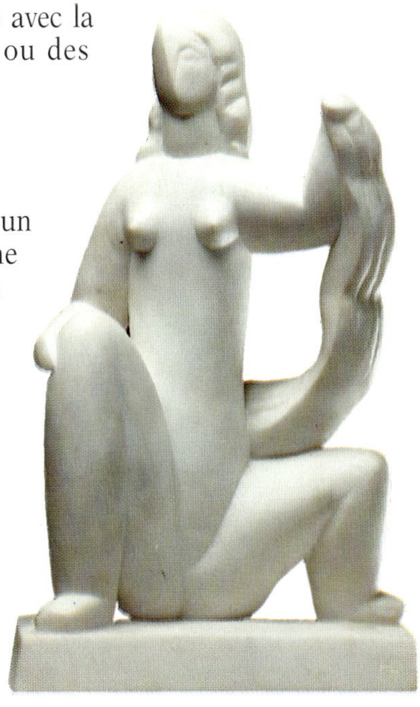

Henri Laurens ►
Femme accroupie
(1931).
Marbre :
40,6 x 23 x16 cm.
Galerie Daniel Malingue, Paris.

Cette sculpture presque classique, à l'exception d'une main qui forme une arabesque ondoyante, annonce le retour de Laurens vers la figure humaine.

Laurens jongle avec la géométrie

La recherche de Laurens diverge de celle de la plupart des créateurs de collages. Pour lui, le papier ou le carton sont employés afin de matérialiser l'espace, plus que pour faire état de leur propre matérialité. Des espaces concaves et convexes suggèrent un recoin d'un objet, un angle qu'on reconnaît confusément. Les assemblages du sculpteur offrent une vision analytique, telle que celle que peut avoir un spectateur qui tourne autour d'un objet et découvre des facettes différentes, mais dont chacune est fragmentée. En fait, Laurens est surtout fasciné par la mobilité que produit la disjonction des divers plans, les torsions potentielles d'une figure. C'est ainsi que *Le Clown* se présente dans une position proche de celle d'un danseur en mouvement.

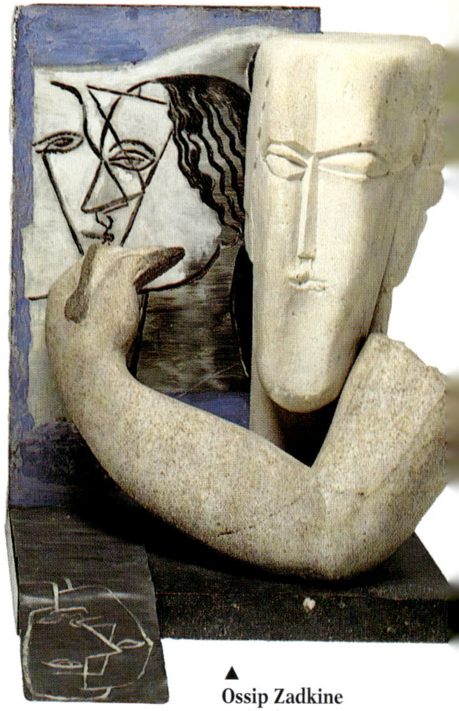

▲ **Ossip Zadkine**
Le Sculpteur
(1922-1949)
Marbre, granit, pierre, plomb et verre peint : 67 x 66 x 45 cm.

Autoportrait de l'artiste au milieu du processus de création, cet assemblage étonnant du visage de face et de profil, de la peinture et du dessin, est un exemple parfait de l'aspect hétéroclite du cubisme.

clowns et jongleurs

Fait en bois polychrome, constitué à partir de formes géométriques, en léger déséquilibre, cette figurine désarticulée, installée sur un socle circulaire, ressemble à un pantin. À la place de la masse traditionnelle d'un corps, Laurens dresse une silhouette au moyen de disques, de pyramides posées sur une de leur pointes, de tiges circulaires ou demi-circulaires qui se touchent à peine, de cônes accolés à des sphères ; des éléments quasi autonomes, détachés les uns des autres ; une construction fragile, un anti-bloc.

Pour faire *Le Clown* l'artiste se transforme en jongleur. Il réussit à construire un objet par un jeu savant de pleins et de manques, avec

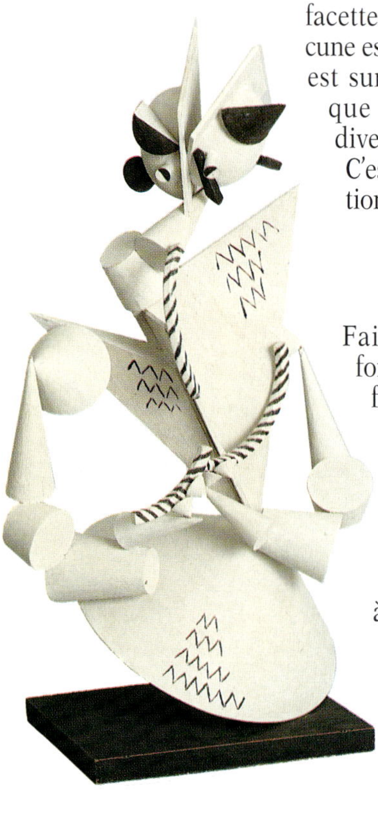

◄ **Henri Laurens**
(1885-1954).
Le Clown (1915).
Bois peint collé : 53 x 29,5 x 23 cm.
Moderna Museet, Stockholm.

La fin de l'unité
La sculpture cubiste invente un vocabulaire et une syntaxe plastiques nouveaux qui forcent le regard à se concentrer exclusivement sur le rapport entre le volume et l'espace, à visualiser les formes fondamentales. L'unité traditionnelle de la statue est rompue définitivement.

les alternances et les contrastes des creux et des volumes. Visible de tous côtés, l'œuvre occupe pleinement l'espace. Quelques années plus tard, s'achève la période géométrique. La ligne s'infléchit, le volume est saisit dans sa masse, les formes acquièrent une sensuelle plénitude et Laurens retrouve la figure humaine.

Nazisme
L'art d'Archipenko est déclaré décadent par les nazis et ses œuvres possédées par les musées allemands sont confisquées et exposées dans la grande manifestation organisée par les nationaux-socialistes en 1936, baptisée *L'Art dégénéré* .

le retour de la polychromie

Les sculpteurs cubistes restaurent une caractéristique de la ronde-bosse qui remonte à la Grèce archaïque : la polychromie. Dès les années 10, les œuvres d'Archipenko en bois contreplaqué et en feuilles de métal pliées, qui permettent de couper certains volumes et d'introduire des plans de très faible épaisseur, sont bariolées d'un rouge cru et criard. Un ajout étonnant, si l'on en juge par les propos de Laurens. Pour lui une sculpture jaune, rouge ou bleue devient statique, alors qu'une statue qui n'est pas polychrome subit les déplacements de la lumière et des ombres, et se modifie sans cesse.
Faut-il voir dans l'utilisation de la couleur un coup de frein à la volonté cubiste initiale ? Ou, au contraire, une façon d'accentuer la transposition géométrique, de marquer les différentes facettes? Malgré le retour à la tradition, opéré par plusieurs artistes qui appartenaient au mouvement cubiste à leurs débuts, il reste indiscutable qu'ils ouvrent la voie à une nouvelle sculpture, capable de conquérir l'espace en se passant de la figuration.

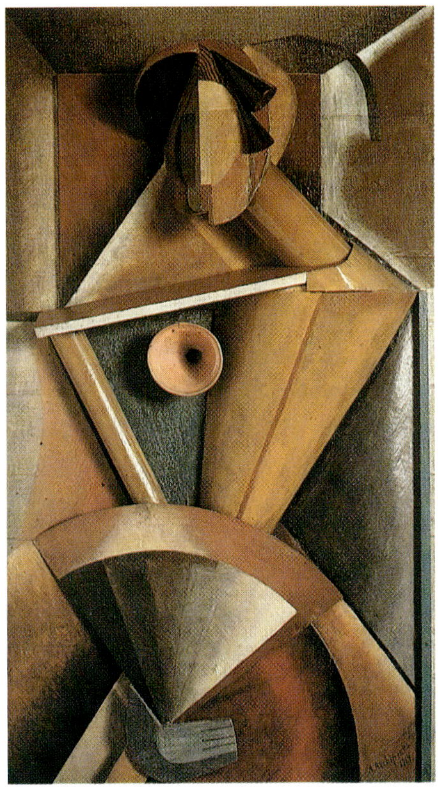

Alexandre Archipenko ►
Femme à l'éventail (1914).
Bois :
108 x 61,5 x 13,5 cm.
Musée municipal, Tel Aviv.

Le choix de l'éventail n'est pas innocent. Il est à l'image du corps décomposé de la femme, une suite de lamelles fines qui laissent deviner des formes dynamiques.

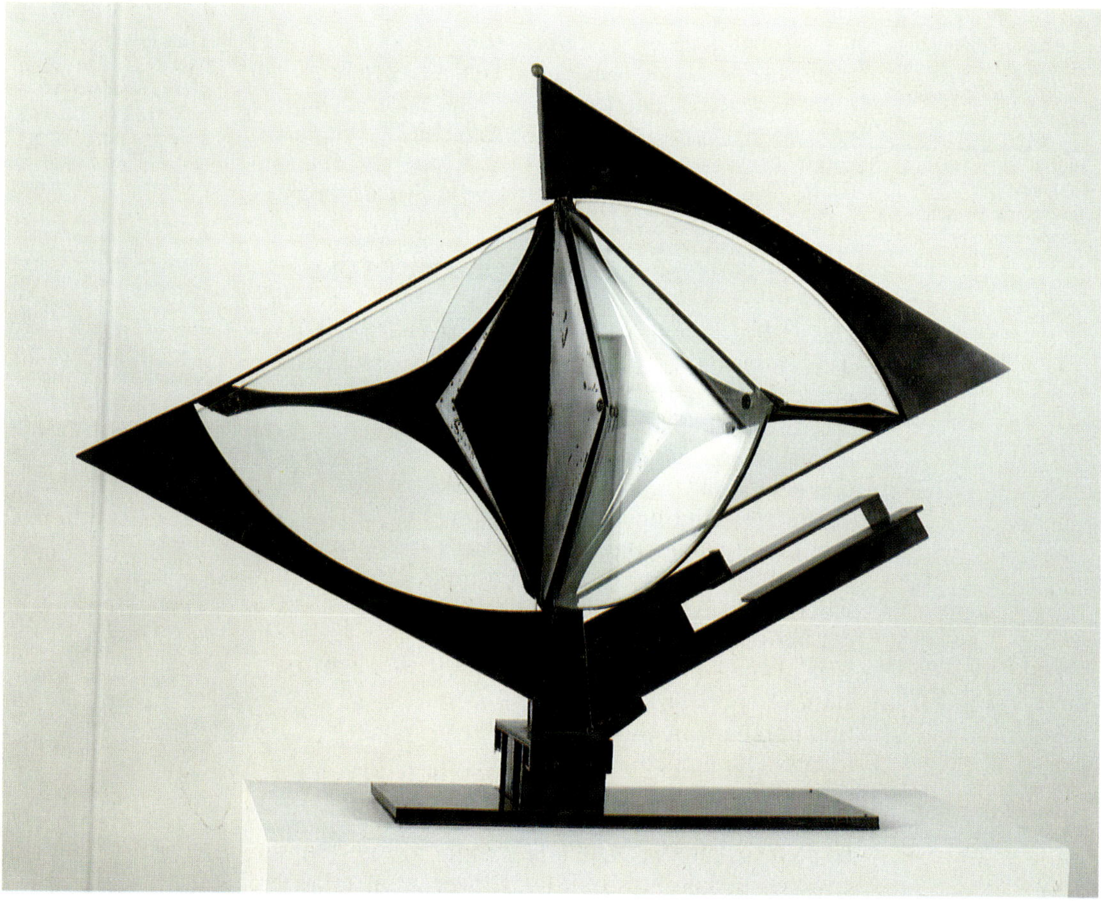

▲
Antoine Pevsner
(1886-1962).
Construction dans l'espace (1923-1925).
Bronze et cristal :
64 x 84 x 70 cm.

PEVSNER

l'ingénieur de l'espace

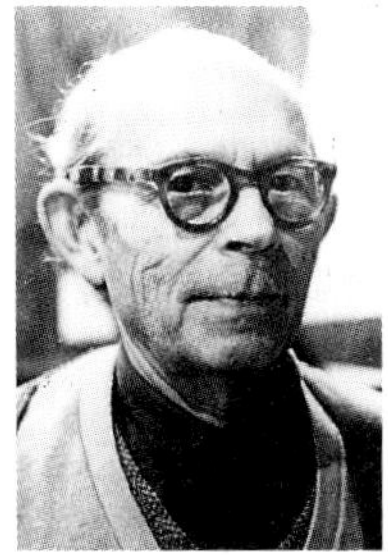

▲
Antoine Pevsner, photographie.

La sculpture baptisée *Construction dans l'espace* a les allures de l'énoncé d'un programme : dans une armature en bronze fin, sous la forme d'une croix encadrée par un rectangle posé sur sa pointe, l'artiste a installé une plaque de cristal, traversée au milieu par le déploiement d'un faisceau rayonnant d'autres plaques qui forment un éventail translucide.

Cette « machine aux transparences », au socle plat, semble un hybride d'une œuvre esthétique et d'un instrument scientifique, fabriqué par un ouvrier hautement qualifié. Ingénieur, Pevsner tient à préciser qu'il « n'emploie aucun des outils traditionnels du sculpteur mais ceux du mécanicien et jusqu'aux bouteilles à oxygène, aux lampes à souder, aux lunette protectrices. Je dois être à la fois ingénieur et sculpteur ».

Nous rejetons dans la sculpture la masse en tant qu'élément sculptural. Nous rejetons le volume comme forme plastique de l'espace. Il ne faut pas mesurer l'espace en volumes (...) Regardez notre espace réel, qu'est-il sinon une profondeur continue ? Nous affirmons la profondeur comme seule forme plastique de l'espace. L'art doit cesser d'être imitatif pour découvrir des formes nouvelles.
Manifeste Réaliste, 1920.

le lisse et le transparent

Dérouté, le spectateur se confronte à une sculpture étrange, aux aspects multiples, sans avant ni arrière. Façonnée dans une matière translucide, elle est faite pour être vue sous des angles différents, sous des éclairages variés. La lumière et l'ombre se faufilent à l'intérieur de la sculpture même, qui les absorbe comme une éponge. Malgré l'apparence lisse et cristalline de l'œuvre, le système d'assemblage, comme souvent chez les constructivistes, n'est pas dissimulé. Les joints, unissant le cristal et le métal de façon nette et précise, sont toutefois clairement exposés, comme un rappel du travail d'un mécanicien combiné à celui de l'artiste.

la sculpture se libère du modèle

Le 5 août 1920, Antoine Pevsner et son frère, Naum Gabo, placardent sur les murs de Moscou un *Manifeste Réaliste*. La même année, les deux artistes exposent en plein air, au parc Tversoï, dans la capitale russe. Ces deux actions ne passent pas inaperçues quelques années après la révolution d'Octobre, dans une période d'effervescence et d'intense activité artistique.

Beau comme la Tour Eiffel
Terriblement impressionné par la Tour Eiffel lors d'une première visite à Paris en 1911, Pevsner déclare qu'il s'agit en réalité de la première œuvre constructiviste.

construire une œuvre

Grâce à leur manifeste, les deux frères se lient étroitement au mouvement constructiviste, dont ils diffuseront ensuite les principes en Europe et aux États-Unis. Comme les autres représentants de cette tendance, ils défendent la conception d'un art fondé sur des matériaux nouveaux et une technologie moderne, grâce auxquels la distinction entre l'artiste, le constructeur et le scientifique doit devenir superflue. « Nous construisons notre œuvre », dit le texte du manifeste.
Alors que Vladimir Tatline, un des fondateurs du constructivisme, met au premier plan la fonction socio-

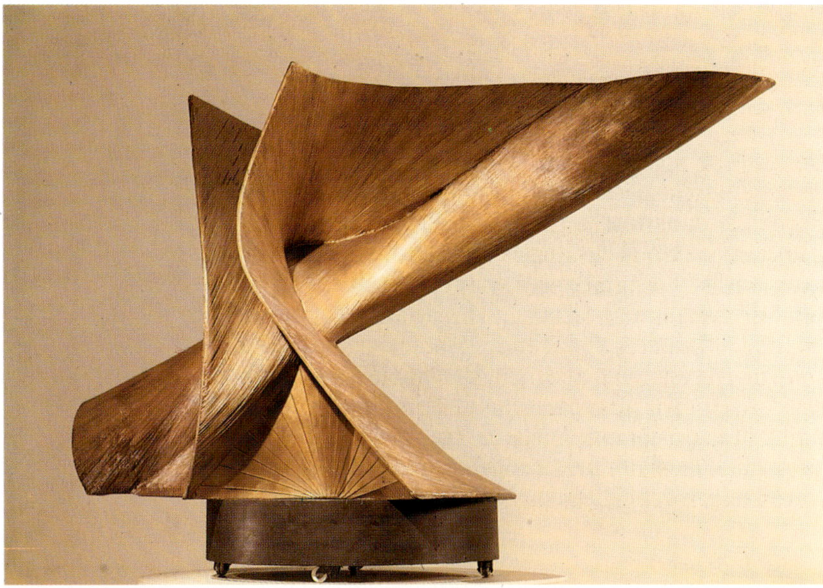

◄ **Antoine Pevsner**
Projection dynamique au 30e degré
(1950-1951).
Bronze :
100 x 250 x 100 cm.

Sculpture ou navette spatiale prête à être lancée dans l'espace, l'œuvre de Pevsner nous frappe par son aérodynamisme.

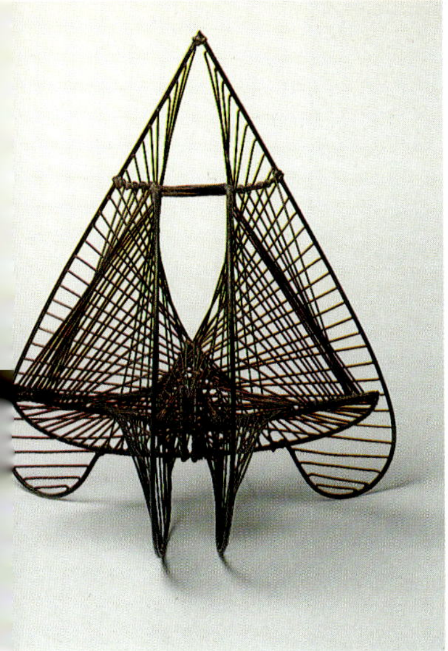

politique de l'art et la valeur de ses applications utilitaires, Pevsner et Gabo soutiennent l'idée que l'objet artistique est un objet autonome. Le climat d'une liberté d'avant-garde en Union soviétique se dégrade rapidement, et c'est le groupe dirigé par Tatline qui reste dominant.
Les Pevsner, sous prétexte d'accompagner des œuvres pour une exposition à Berlin, quittent la Russie en 1923.
Commence alors une création plastique qui atteste un effort d'abstraction et de dématérialisation plus soutenu que celui naguère voulu par les cubistes et par les futuristes. La réduction du volume à des structures rythmées par l'espace, la recherche de nouvelles formes indépendantes de tout mimétisme, mais non dépourvues d'un contenu symbolique, deviennent les principes fondateurs de l'œuvre de Pevsner.

◄ **Antoine Pevsner**
Maquette pour le Monde (1946).
Laiton :
42 x 36 x 31 cm.

Pevsner cherche à doter ses œuvres d'un contenu symbolique, souvent lié à la question de l'origine. Sa *Maquette pour la construction le Monde*, une sorte de coquillage géant, une expansion symétrique à partir d'un axe central, est éclairante à ce sujet.

J'ai décidé un jour de construire une œuvre qui symboliserait le monde, l'univers tel que je le sens, résumé en une figure de femme avec un enfant. Pour exprimer cela, j'avais composé des formes en fils métalliques ; l'une – la mère –, entourait et enveloppait l'autre, qui représentait le germe, l'enfant.
Pevsner.

le fer et le verre

Par la suite, la préoccupation essentielle de Pevsner est de détruire la masse compacte, de rechercher le vide et de l'emprisonner dans certains angles calculés. À partir de 1930, l'artiste réalise ses sculptures exclusivement avec des surfaces incurvées, composées en fils de bronze soudés les uns aux autres. Pour Pevsner, le plan est mort car il ne laisse pas pénétrer la lumière et ne peut capter l'espace environnant. L'artiste nomme ces œuvres « Surfaces développables », c'est-à-dire déploiement dans l'espace de plans courbes, à partir d'une ligne en mouvement.

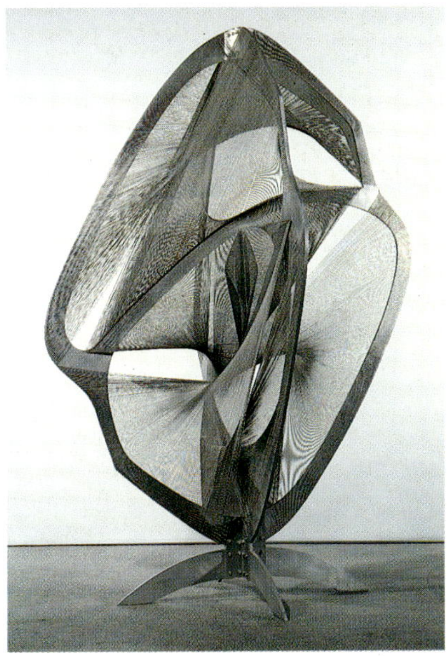

Naum Gabo ►
(1890-1977).
Construction linéaire n° 4 (1970).
Aluminium et acier inoxydable :
211,5 x144 x 144 cm.

Cette sculpture illustre une série d'œuvres faites par Gabo, basée sur des rythmes à partir d'un cercle, d'une sphère ou d'une spirale.

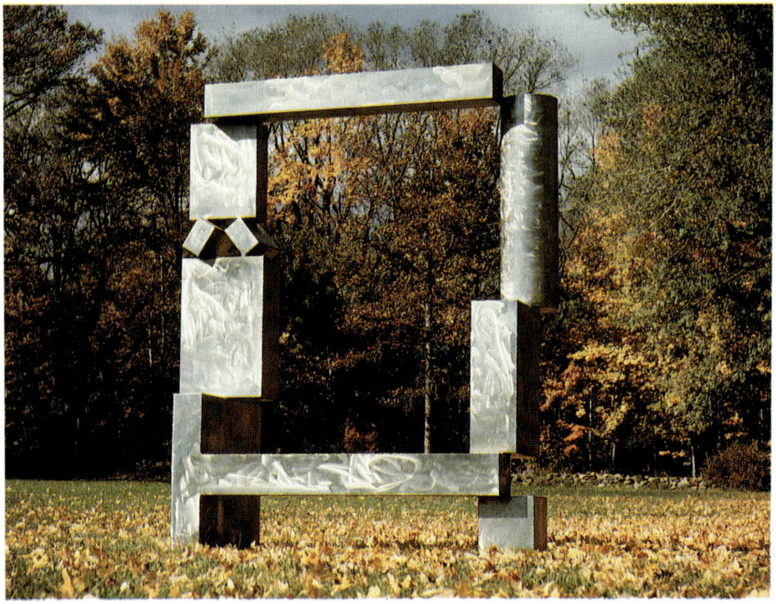

David Smith (1906-1963).
Cubi (1965).
Acier inoxydable : 283 x 225 x 86,5 cm.
Guggenheim Museum, New York.

Monumentaux, les blocs en acier posés l'un sur l'autre forment une construction légère et fragile, une sorte d'arc de triomphe rectangulaire.

la sculpture trans-parente rend hom-mage à la lumière

Les frères Pevsner travaillent sur ce qu'on peut définir comme le vide actif, une matérialisation de l'espace qui n'est plus une simple enveloppe, mais contribue à la structure même de l'œuvre. Le champ de la sculpture pure s'élargit. En 1927, les deux complices font des décors pour un ballet de Diaghilev, *La Chatte*, entièrement géométriques, réalisés en acier et en matières plastiques transparentes.

L'œuvre abstraite de Gabo continue son évolution. Les fils de Nylon, le Celluloïd, et le Perpex, trois matières plastiques récemment découvertes, forment des volumes fluides qui permettent de modeler l'espace en renouvelant l'ombre et les lumières.

la consécration de l'abstraction

La reconnaissance de l'œuvre en tant qu'affrontement ouvert avec le vide se produit en 1954, grâce à la commande d'une sculpture de grande envergure, pour le plein air, que reçoivent séparément chacun des deux frères. Gabo exécute le *Monument Bijenkorf* à Amsterdam, et Antoine se voit confier *L'Envol de l'oiseau* pour l'Institut de la recherche scientifique de la General Motors, à Detroit.

J'ai toujours considéré le contour linéaire comme étant le commentaire de l'espace et comme plus pénétrant que le bloc plein. Je n'accepte pas la limite monolithique dans la tradition de la sculpture. La sculpture est libre comme l'esprit, complexe comme la vie.
Smith.

L'emploi des matières industrielles dans la sculpture est alors banalisé : le sculpteur américain, David Smith utilise, par exemple, pour sa série *Cubi,* des parallélépipèdes creux en acier inoxydable, défiant l'équilibre et la pesanteur, qui leur permet littéralement de flotter dans l'espace. Ses structures ouvertes, libres de toute exigence de représentation, sont inscrites dans un espace réel.

les artistes américains

Si les œuvres abstraites de Smith affichent encore une tension lyrique dans les années 60, les boîtes ou les cubes de mêmes dimensions de l'artiste minimaliste américain Donald Judd, ne permettent aucune réaction d'ordre expressionniste. L'auteur confie la réalisation de ces « objets spécifiques » à une entreprise industrielle. La démarche de tout un groupe d'artistes, baptisés les « minimalistes », se veut alors radicalement antipersonnelle. L'auteur cherche à attirer l'attention sur les qualités spatiales et matérielles de ses « boîtes », des unités répétées et fixées avec une régularité précise au mur aseptisé d'un musée. L'enchaînement de la même forme dans des séquences répétées, l'appellation *Sans titre,* interdisent au spectateur toute réaction sentimentale. S'agit-il d'une mort de la subjectivité, ou d'un bras de fer avec l'ennui ?

Marc di Suvero
(né en 1933).
Ange des orages
(1973-1974).
Fer.
Chalon-sur-Saône.

Des morceaux de grue, des machines condamnées à la casse : Marc di Suvero fait son marché dans une poubelle de géants. C'est un néo-baroque de l'ère industrielle.
▼

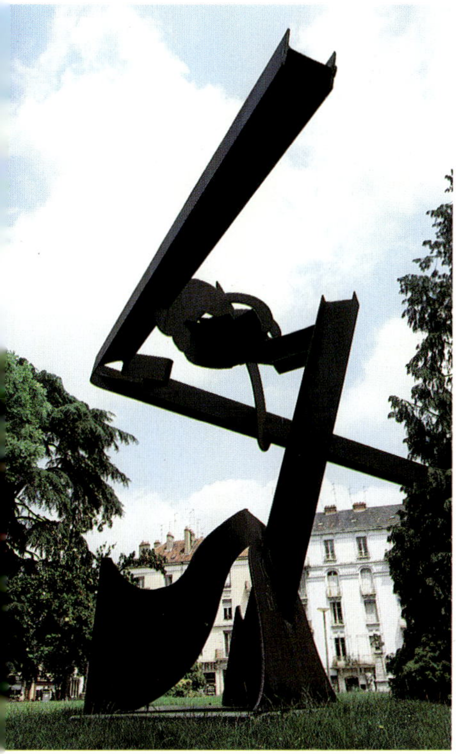

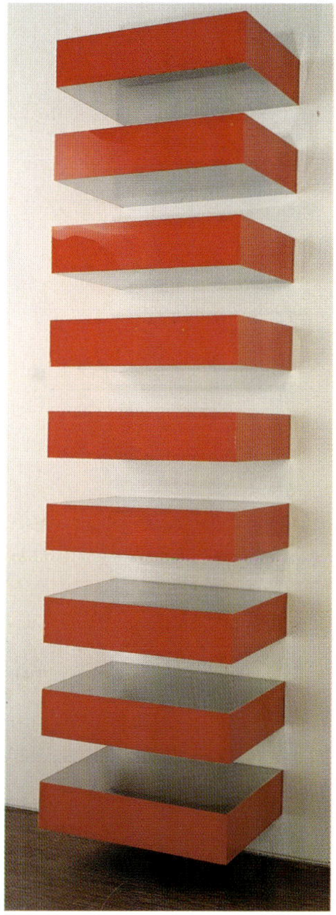

▲
Donald Judd
(né en1928).
Sans titre (1973).
Acier et Plexiglas :
10 unités de
23 x 101,6 x 78,7 cm.

Rien n'est laissé au hasard : des formes pures, au chromatisme neutre, de la plus stricte géométrie.

Raoul Ubac (1910-1985).
Torse (1966).
Ardoise : 70 x 49 x15 cm.

Cette ronde-bosse modulée mais extrêmement plate, à la limite du bas-relief, vise à « demeurer ardoise et à s'affirmer dans sa nature d'ardoise », dit Ubac. ►

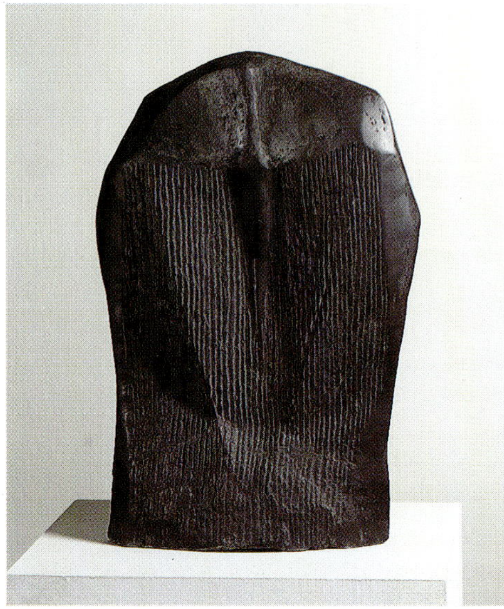

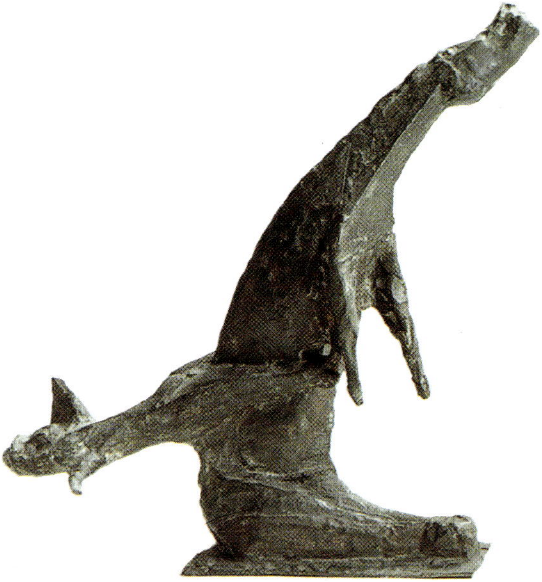

▲
Marino Marini
(1910-1980).
Petit Miracle
(1955-1956).
Bronze :
45 x 44,2 x 14,4 cm.
Collection particulière, Milan.

Le cavalier et le cheval sont réunis dans un geste commun. Ce couple mythique évoque le retour de l'homme vers la nature.

Jean Arp
(1887-1966).
Concrétion humaine
(1934).
Marbre :
52 x 38 x 43 cm.
▼

Des formes lisses, des volumes arrondis auxquels notre imagination donne un « corps ».

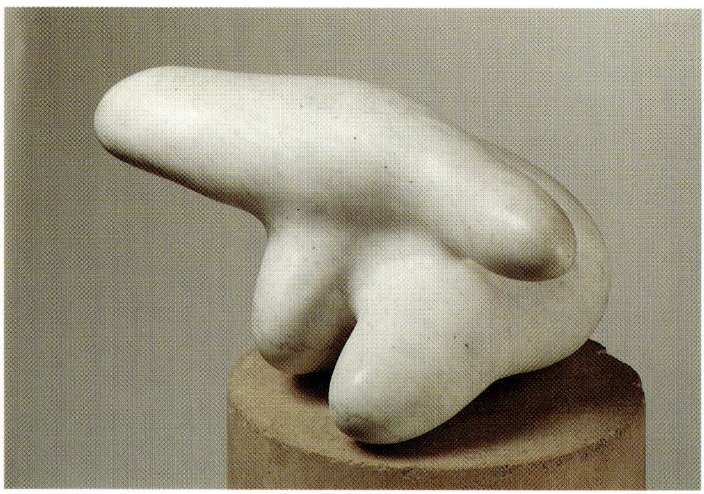

Le corps résistant

On l'a dit, la sculpture est un corps à corps entre l'artiste et la matière qu'il affronte. Le plus souvent, c'est à la lettre qu'il faut prendre cette expression car c'est la figure humaine qui est en question. Plus encore que dans la peinture, qui se permet des escapades occasionnelles dans le paysage ou dans la nature morte, la présence humaine reste la préoccupation essentielle du sculpteur.

Au XXe siècle, ce corps que la tradition humaniste a offert pendant plus de cinq cents ans dans sa perfection formelle, se transforme, se déguise et se décompose, quand il ne disparaît pas entièrement. Si les premières sculptures métalliques gardent encore les contours de la figure humaine, les assemblages et les « machines » inspirés par la révolution technologique moderne refusent jusqu'au souvenir de la représentation anthropomorphique.
Certains artistes prennent toutefois leur distance avec les œuvres d'inspiration industrielle – constructions métalliques ou abstractions géométriques – en travaillant sur des masses biomorphiques, des blocs ovoïdes, des lignes courbes et souples, des volumes stylisés.
Brancusi, Miró, Moore ou Barbara Hepworth sont les représentants les plus connus de cette tendance. Diverses influences (surréalisme, abstraction, art précolombien ou préhistorique) interdisent une définition simplificatrice de cette famille artistique. Chacun de ses membres tend cependant vers une sculpture organique ; les formes produites renvoient à un prototype archaïque, intemporel, inspiré par une nature aux accents mythologiques, oniriques ou symboliques. La question universelle de l'origine se reflète dans des formes arrondies et lisses, empreintes d'un certain animisme, à mi-chemin entre l'œuf et le corps féminin.

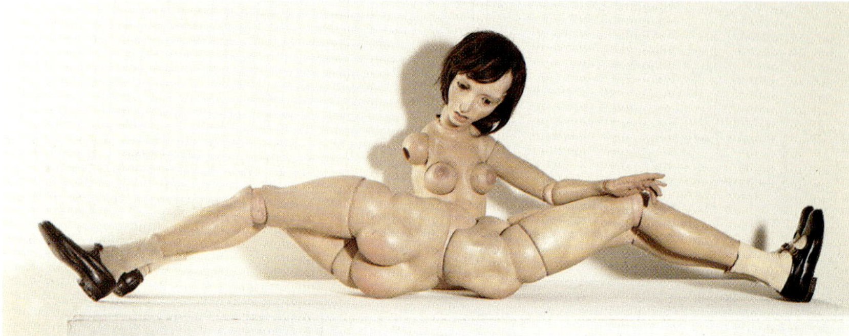

▲

Hans Bellmer (1902-1975). *La Poupée* (1932-1945). Bois peint, cheveux, objets : 61 x 170 x 51 cm.

La Poupée, réalisée à dimensions humaines à partir d'une ossature de bois recouverte d'une enveloppe d'étoupe, reste l'emblème d'un corps désarticulé, une panoplie de membres assemblés au gré des fantasmes masculins les plus primitifs, malléable à leur guise.

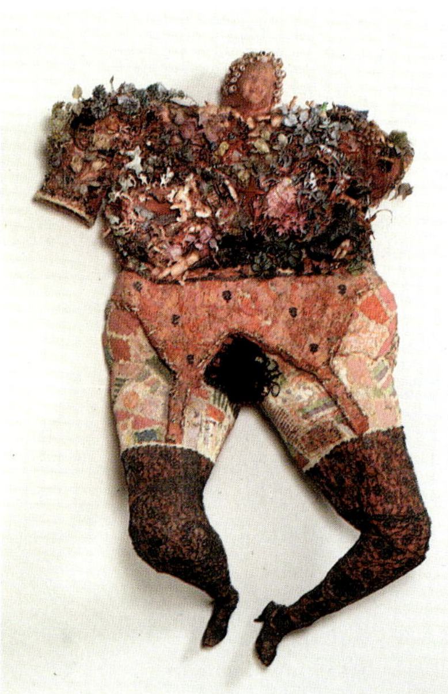

▲

Niki de Saint-Phalle (née en 1930**).** *Crucifixion* (1963). Tissu encollé sur armature de grillage et objets collés : 240 x 150 x 60 cm.

Image grinçante d'une femme crucifiée, vision caricaturale de la position féminine dans la société, l'œuvre affiche sa vulgarité.

George Segal (né en 1924). *Cinéma* (1966-1967). Plâtre, bois, Plexiglas, lampes électriques : 260 x 375 x 370 cm.

▼

Figures d'un *spleen* insignifiant, les hommes et les femmes fabriqués par l'artiste américain sont des constats d'échec pour une société qui cultive la solitude et l'impossibilité de la communication.

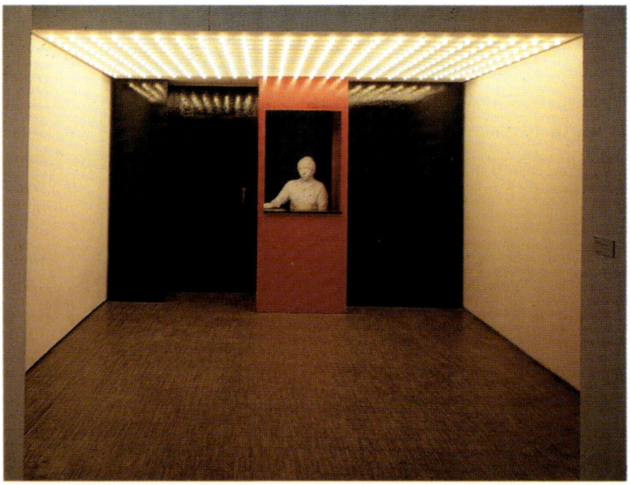

Schématisé à l'aide d'un minimum de signes plastiques, le corps peut être stylisé à l'excès : notre habitude mentale de chercher des formes humaines dans toute représentation nous permet d'en percevoir toujours la configuration. Un fragment d'anatomie, un détail, un contour suggestif suffit à l'imagination qui supplée aux parties manquantes. Ainsi, un simple bloc d'ardoise, traité par Ubac, se transforme en *Torse*, ou la *Concrétion humaine*, taillée par Arp, rappelle un torse amputé.
Toutes ces œuvres, d'un naturalisme fortement stylisé, réduit à l'essentiel, cherchent à concilier la forme abstraite et le corps humain, en jouant sur l'ambiguïté de la lecture pour confondre l'imaginaire avec le réel.

Cette métamorphose n'est pas qu'un simple changement d'ordre formel. Le corps, dorénavant, n'est plus l'objet du sacré. Derrière, se profile une toute nouvelle vision de l'homme, descendu du piédestal où l'avaient hissé les philosophes humanistes de la Renaissance. La figure humaine du XXe siècle, pétrie, tourmentée, parfois décharnée, n'est plus celle qui maîtrise le monde. À son tour, elle le subit.
Bellmer, par exemple, met en morceaux la vision idéalisée du corps féminin. Sa *Poupée*, une femme-enfant, un objet fétiche, est une contre-idéalisation de l'imagerie féminine. À la sensualité lisse et policée des nymphes et autres Vénus peuplant l'histoire de l'art, se substitue un érotisme cru et violent.

La représentation de l'homme ne se contente pas de mettre à nu les passions individuelles. La sculpture, longtemps emblème du pouvoir, devient un commentaire social critique. La fière figure qui trônait au milieu des cités, celle de Zeus ou d'Apollon, se réfugie dans d'autres temples, qu'on appelle les musées. Les nouveaux personnages ne sont plus des symboles à la gloire de l'homme, des idoles admirables, mais des individus anonymes. La caissière du *Cinéma* que Segal moule en plâtre évoque l'immobilité, l'absence d'identité et d'histoire.
La figure humaine devient-elle pour autant désespérée au XXe siècle ? Parfois, une lueur d'espoir apparaît, sous les traits d'un personnage qui semble se révolter contre l'impassibilité morose. Le cavalier et le cheval de Marini ne forment alors qu'une seule et même créature mythique, aux ailes invisibles, dressée contre l'univers dans un geste chargé de tension dramatique. Le titre de la statue ? *Miracle*.

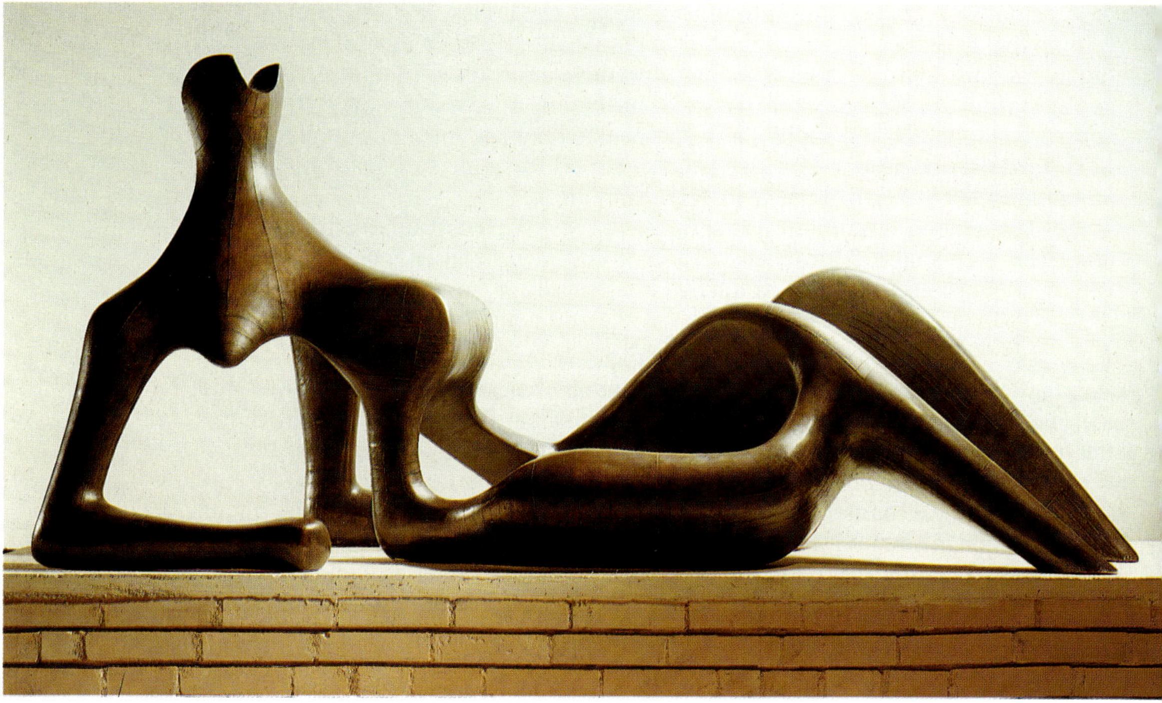

▲

Henry Moore
(1898-1986).
Figure allongée (1951).
Bronze doré :
110 x 225 x 65 cm.

MOORE

la caresse du vide

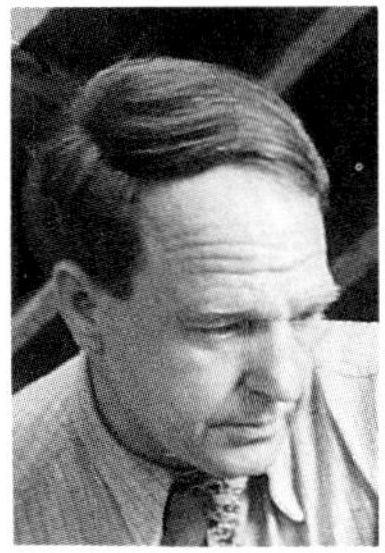

▲
Henry Moore, photographié en 1944.

Soit une femme allongée. Mais est-ce encore une femme ? Un jeu de courbes amples et sensuelles : le corps féminin apparaît comme un groupement de formes plastiques, une condensation d'être humain.

L'œuvre n'est pas grande, mais comme toute sculpture de Moore, elle dégage une impression grandiose. Des membres lourds et massifs, des volumes simples et directs trouvent leur répondant dans des ouvertures qui traversent le corps et qui prolongent la sculpture dans l'espace. L'équilibre atteint par Moore se joue entre la forme horizontale qui prend ses appuis sur un socle rectangulaire et des « coussins » d'air qui la détachent du sol.

Monumental
La représentation humaine demeure le sujet de prédilection de Moore. L'artiste continue de reproduire ce thème tout sa vie. La reconnaissance du public aidant, il prend des dimensions de plus en plus importantes. À la fin, les personnages monumentaux de Moore s'inscrivent au cœur de l'espace urbain.

la femme faite courbe

Les sujets de Moore font presque exclusivement référence à la figure humaine, étendue ou au repos. Celle-ci, sous des formes très diverses, tantôt réaliste, tantôt schématisée au maximum, permet une transposition de la réalité dans un style qui trouve son inspiration dans la nature. Les œuvres de Moore, lisses et arrondies, évoquent comme un souvenir lointain des galets et des coquillages longtemps polis par la mer. Moore se désintéresse du débat stérile qui oppose l'abstraction à la figuration. Pour l'artiste anglais, il n'existe aucune différence entre les figures humaines, les arbres et les formes non déterminées qu'engendre la nature. Les uns et les autres forment la masse sculpturale qu'il entreprend de creuser et d'ouvrir pour trouver un équilibre entre le plein et le vide.

la légèreté dialogue avec le monumental

Moore n'est pas le premier artiste qui conçoit le creux, l'évidé comme une matière sculpturale à part entière. Gonzalez, Gargallo et d'autres artistes empruntent ce chemin au début du siècle, cherchant à éliminer le poids d'un volume encombrant à l'aide de « dessins » projetés dans l'espace.
Les œuvres du sculpteur anglais, au contraire, mettent à l'essai le contraste entre la matière abondante et l'espace intérieur de plus en plus prépondérant. Ce sont des monologues ininterrompus, dont les protagonistes sont la pesanteur de la masse et la légèreté de l'air. Les formes sont allongées car, selon Moore, entre les trois positions fondamentales de la figure humaine, debout, assise, étendue, c'est la dernière qui laisse le plus de liberté du point de vue de la composition et de l'espace.

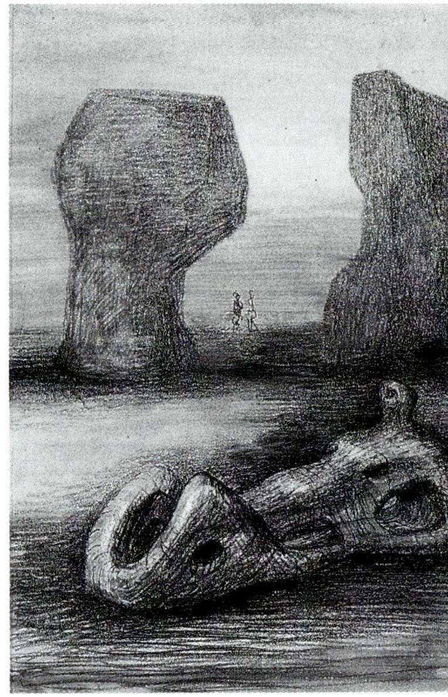

▲
Henry Moore
Sculpture en bois parmi des rochers rouges (1942).
Crayon, lavis et plume sur papier : 48,6 x 36,1 cm.
Museum of Modern Art, New York.

L'analogie entre la nature et la figure est déjà visible dans les dessins de l'artiste. Les rochers au fond sont un rappel du corps féminin allongé au premier plan. La nature se retrouve-t-elle dans le corps féminin ou est-ce la femme qui envahit tout ce qui l'entoure ? En réalité, c'est la distinction traditionnelle qui s'efface et arrive à terme.

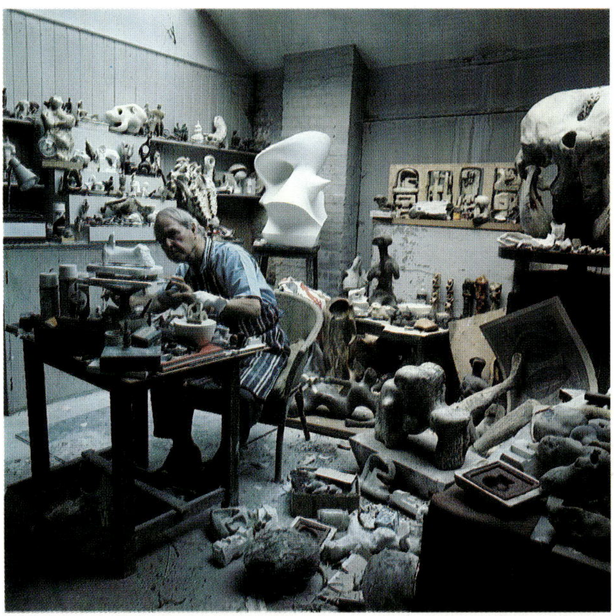

Henry Moore dans son atelier à Much Hadham, dans la banlieue de Londres. ▶

Le miracle qui tient lieu dans l'atelier de l'artiste n'est rien d'autre qu'une rencontre entre l'idée et la matière, une transformation de l'informe en un symbole tangible.

Importance du dessin
Chez Moore, le dessin sert comme un laboratoire qui prépare les sculptures à venir, comme une interaction entre des formes jetées sur un papier blanc et une ronde-bosse qui se déroule dans l'espace. « Le dessin est l'expression et l'explication-déploiement de la forme d'un objet solide sur une surface plane (...) c'est la tentative de comprendre pleinement la tridimensionnalité de la figure humaine », écrit l'artiste.

en osmose avec la nature

De plus, cette position permet une osmose parfaite avec l'environnement, une intégration totale avec des éléments de la nature. Les genoux et les seins sont des montagnes et c'est pourquoi il est normal de les traiter comme un paysage ou un rocher, dit l'artiste, qui appelle ces œuvres des sculptures-paysages.
Moore prolonge ainsi dans sa thématique les sujets chers à la Grande-Bretagne : le paysage et la figure humaine. Sa tradition figurative, classique même, subit des transformations grâce aux rencontres de l'artiste avec Arp et Picasso, puis avec l'art archaïque. Les personnages qui peuplent les sculptures de Moore évoquent parfois des anciens dieux, des divinités mayas, stylisés et modernisés, dont les attitudes immuables échappent à l'emprise du temps.

Paysagisme anglais
L'importance de la figure humaine et celle du paysage révèlent l'importance de la tradition anglaise dans l'apprentissage de Moore. Contrairement à ce qui se passe dans le reste de l'Europe, la peinture historique manque au répertoire britannique. Ce sont le paysage et la figure humaine qui y constituent les sujets favoris des artistes. À sa façon, Moore s'inscrit dans cette lignée.

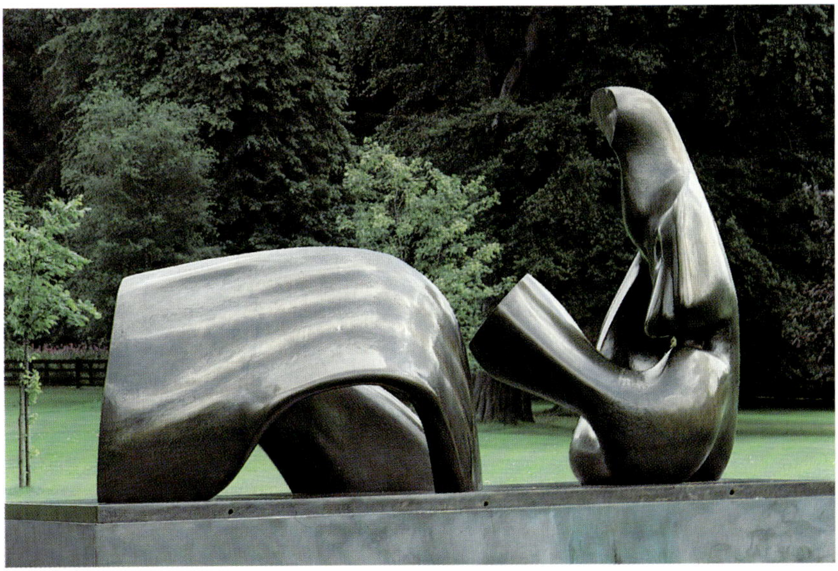

◄ **Henry Moore**
Figure étendue en trois pièces : drapée (1975).
Bronze : 446 cm.
Fondation Henry Moore, Much Hadham.

Une transformation radicale, où l'homme, d'habitude le repère stable de l'univers, un dieu indivisible, se trouve fragmenté, « en morceaux ». Le corps humain, symbole d'unité, est remplacé par « un corps pluriel » Marc le Bot.

naissance, mystère, nature

Moore explore également les possibilités d'éclater la figure. Son personnage étendu devient une *Figure étendue en trois pièces : drapée*. Malaise du spectateur, face à une représentation d'un corps qui bouleverse les habitudes mentales, mais qui bouscule également le circuit normal du regard. En effet, le point de vue frontal de cette sculpture ne laisse pas deviner la surprise qu'elle enferme. Ce n'est que lorsqu'on tourne autour de l'œuvre, dit Moore, que l'on découvre que les parties, qui semblent coïncider cachent un espace entre elles.

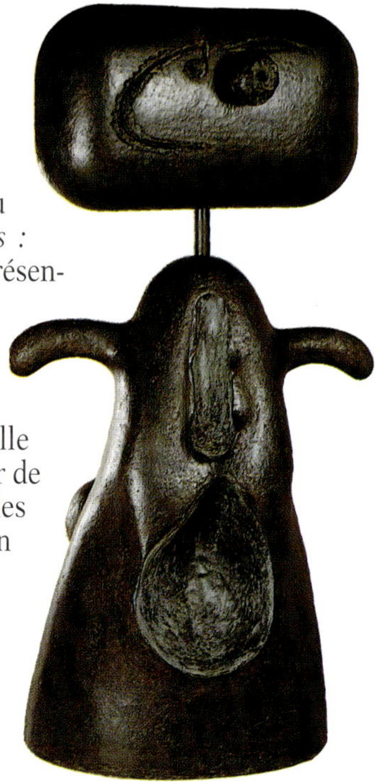

▲
Juan Miró (1893-1983). *Femme* (1983). Bronze : 204 x 104 x 75 cm. Galerie Daniel Malingue, Paris.

La nature joue un rôle important chez Miró, et chaque pièce évoque la roche de sa Catalogne natale.

Constantin Brancusi (1876-1957). *Torse de jeune homme* (1923). Bois de noyer : 42,7 x 28,4 x 14,6 cm.
▼

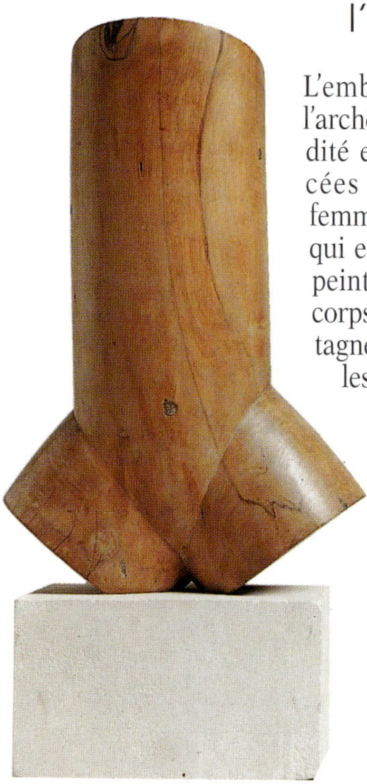

l'origine du monde

L'emblème de l'univers de Moore est l'archétype de la féminité, lié à la fécondité et à la maternité. Les cavités percées dans les corps généreux de ses femmes font peut-être allusion à ce lieu de refuge qui est le ventre maternel ou à cet endroit que le peintre Courbet appelle *L'Origine du monde*. Le corps se transforme en une masse énorme, montagneuse, et crée un rapprochement évident avec les formes du paysage. Moore, très en avance pour son temps, propose une forme de *Land Art* féminisé.

la figure dans la nature

D'autres artistes combinent des matériaux provenant de la nature avec la figure humaine. Si Moore emploie essentiellement des matériaux traditionnels, bronze et pierre, Miró, qui part de la céramique, fait appel à une panoplie qui témoigne des ses origines surréalistes. Bois, liège, coquille,

Condensation
L'œuvre de Brancusi est une condensation extrême de la figure humaine. Un simple triangle, taillé directement dans le bois, rappelle, par le choix de la matière et la géométrisation, la sculpture africaine. Une forme primordiale qui rejette tout superflu, le thème réduit à l'archétype. Bref, la rupture entre l'homme et la nature se voit céder la place à leur union total.

pierre, galets, tuiles, œufs..., sont tour à tour utilisés dans des *jardins labyrinthes*. De plus, l'artiste ajoute souvent à ses « sculptures-objets » des débris de bois ou de fer ou un tesson de verre. Il incruste aussi des émaux, des faïences, de la céramique, du vernis... Ses œuvres aux allures d'herbier, d'un naturalisme fortement stylisé, cultivent l'ambiguïté. Dans *Femme*, comme dans les autres « personnages » modelés par Miró, on peut voir soit des hybrides d'une figure primitive et d'un oiseau, simplifiés à l'extrême, soit des alliages entre des formes géométriques irrégulières. Cette ambivalence, où se confondent l'imaginaire et le réel, permet, selon l'artiste, de « s'évader dans l'absolu de la nature ».

Si Arp est lié également aux surréalistes et aux dadaïstes, s'il se sert de matériaux différents pour des assemblages et des découpages, sa poésie exprime toute sa force avec des sculptures en marbre et en pierre. Refusant tout détail naturaliste, il réussit à inspirer un souffle de vie à des configurations organiques, mi-figure mi-nuage, toujours blanches, et dont les courbes irrégulières forment des volumes asymétriques. Poète autant que sculpteur, Arp décrit ses œuvres comme des nuages qui descendent, qui se prélassent de bonheur et qui enfin, remplis de complaisance, se pétrifient.

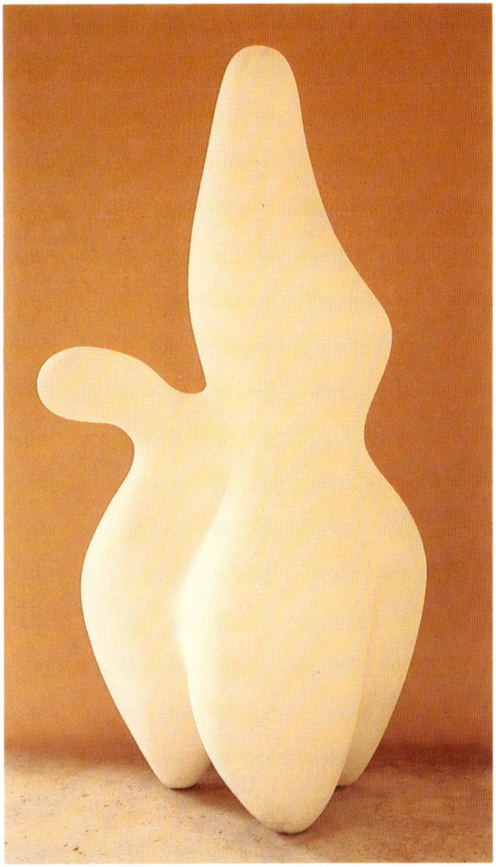

Hans Arp ▶
Le Berger des nuages (1953).
Plâtre :
320 x 123 x 220 cm.

Le regard « touche » et caresse les formes concaves et convexes du bronze. La sensualité passe du corps humain à la forme pure. Comme son nom l'indique, ce personnage venu d'ailleurs se métamorphose pour notre plaisir.

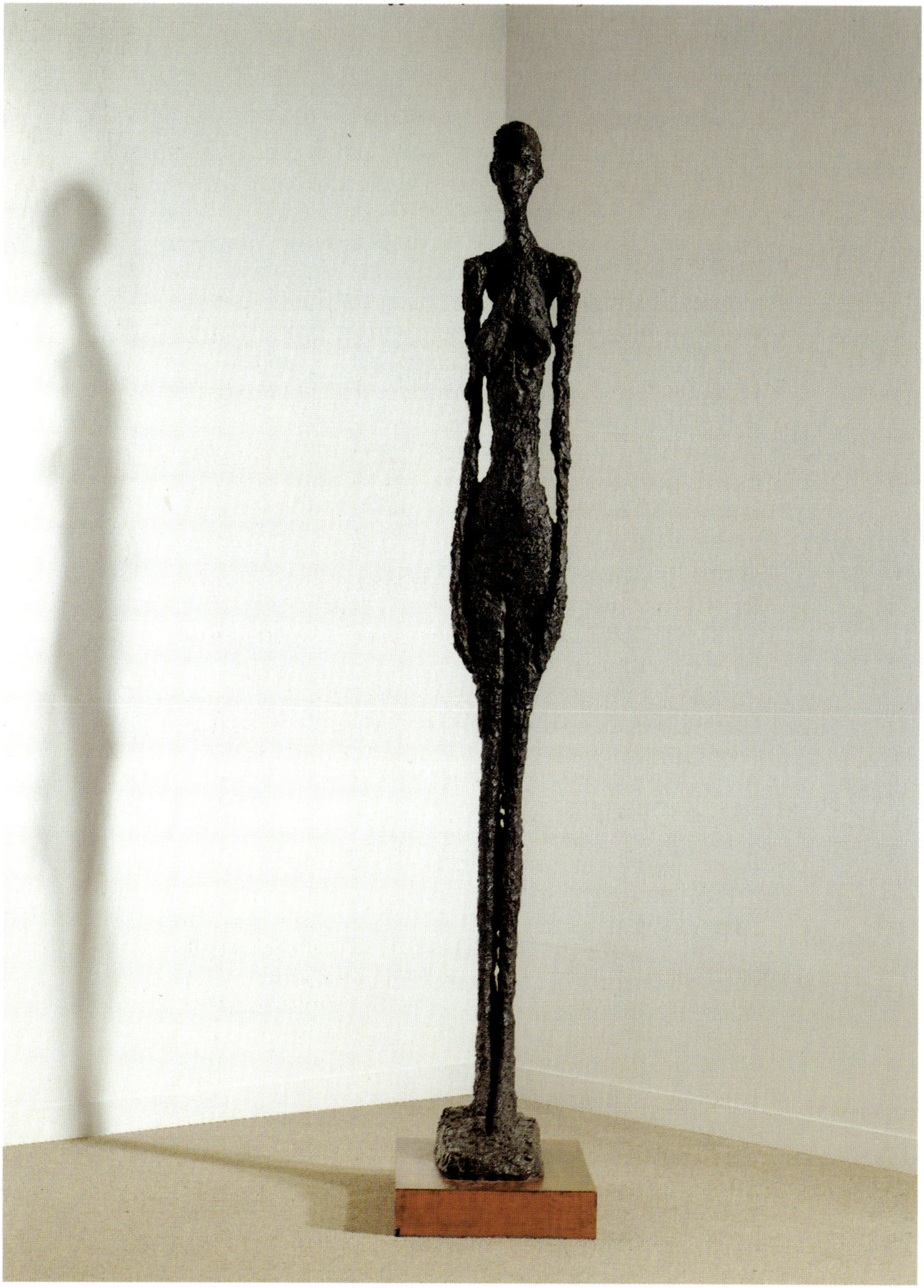

GIACOMETTI

la figure écorchée

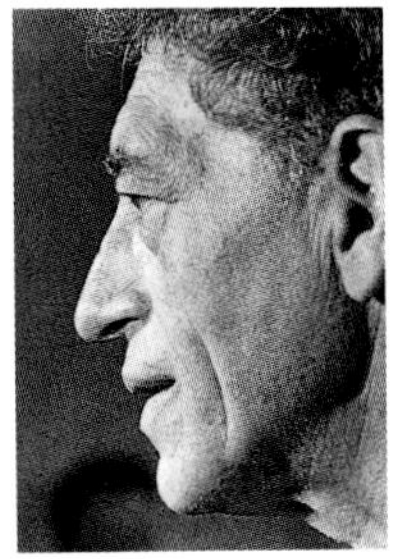

▲ Alberto Giacometti, photographié en 1962.

Des êtres qui marchent droit devant eux, des êtres immobiles. L'univers de Giacometti est rempli de personnes qui ne se regardent pas, qui s'ignorent.

Une figure filiforme, une silhouette hiératique. Une femme debout en position frontale, les bras collés au corps. Ses proportions ne respectent pas l'anatomie : la tête est minuscule, les jambes interminables. L'être se dresse dans une fragile verticalité, isolé et frêle par opposition à l'espace sans limites, signe désincarné, corps qui subit l'érosion de l'environnement ambiant. Le sculpteur, qui modèle exclusivement le plâtre, cherche à rendre une matière déchiquetée. Il refuse toute idée d'enveloppe lisse dans laquelle le corps se réfugierait. Mais il conserve l'équilibre de la symétrie.

De la Chase Manhattan Bank à la Fondation Maeght. La série des *Hommes qui marchent* et celle des *Femmes debout* a été réalisée à la demande de l'architecte américain Gordon Bunshaft pour le parvis du gratte-ciel de la Chase Manhattan Bank à New York. Le projet n'ayant jamais abouti, ces sculptures ont trouvé leur place dans le jardin de la Fondation Maeght.

la dissolution du corps

Ce corps décharné, ou plutôt cette épine dorsale entourée de chair maigre va à l'instar de la vision courante de la féminité. L'artiste rejette toute la tradition d'une courbe généreuse, d'une sensualité débordante et offerte au spectateur afin de réduire le corps à l'essentiel : une représentation archétypale de la forme humaine, un emblème tragique d'un corps qui se désagrège et se dissout. Tout dialogue est interdit, les yeux clos désignent la fermeture définitive.

La femme de Giacometti, malgré la ressemblance qu'elle porte avec la sculpture primitive, est un témoin terrifiant de la façon tragique dont celui-ci perçoit l'actualité. Sa sculpture est douloureuse.

◀ **Alberto Giacometti** (1901-1966). *Femme debout II* (1959-1960). Bronze : 275 x 55 x 33 cm.

capter
la
présence
humaine
sans
en copier
la forme

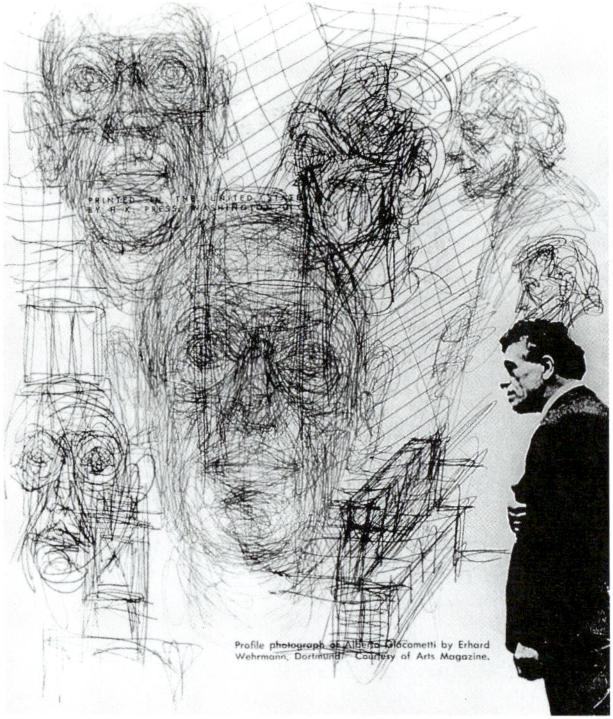

◄ **Alberto Giacometti**
Figures II, têtes et autoportrait (1963).
Mine de plomb et stylo à bille sur page de catalogue : 22 x 37 cm.
Fondation Maeght, Saint-Paul-de-Vence.

L'œuvre dessiné de Giacometti partage le principe de son œuvre sculpté : une économie de moyens qui cherche à exprimer l'essentiel.

Drôle de trajet que celui du sculpteur mais aussi du peintre (ou plutôt du dessinateur) suisse Giacometti, né d'un père paysagiste impressionniste. Figuratif à ces débuts, le futur sculpteur fait des études auprès de Bourdelle. Très rapidement, Giacometti prend conscience des limites d'un système descriptif et s'associe aux recherches du groupe surréaliste parisien. Ses sculptures-objets insolites et oniriques, souvent presque abstraites, permettent de suivre son évolution, ses hésitations, ses allers et retours, le réglage d'une appréhension nouvelle de l'espace. Les « fétiches » solitaires modelés par Giacometti s'inscrivent dans un vide imposant qu'ils semblent créer eux-mêmes. « La sculpture repose sur le vide », écrit l'artiste.

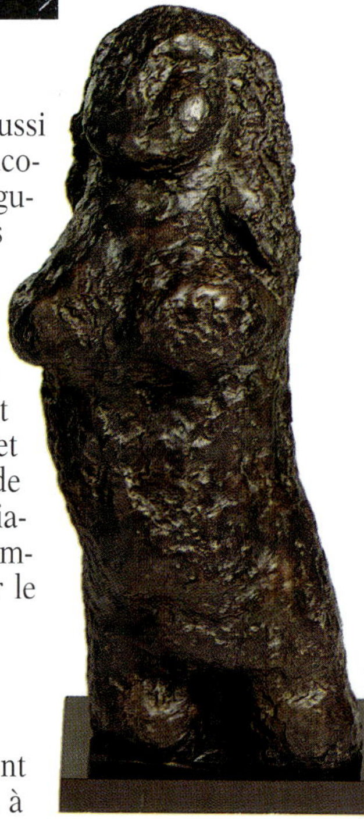

Jean Fautrier ►
(1898-1964).
Grand Torse (1928).
Bronze :
66 x 31 x 24 cm.

Un corps de femme se réduit à la forme d'un pouce : l'œuvre de Fautrier est dense et compacte. Les traces d'une matière débordante ajoutent un aspect de non fini, qu'on retrouve dans ses tableaux.

surréalisme et primitivisme

Après des années de surréalisme, Giacometti revient à une figuration riche de références aux primitifs, à

Ce n'était plus la forme extérieure des êtres qui m'intéressait, mais ce que je ressentais réellement dans la vie (...) il ne s'agissait plus de présenter une figure extérieurement ressemblante mais de vivre et de réaliser seulement ce qui m'avait frappé ou ce que je désirais.
Giacometti.

l'art cycladique et africain. Il se lance dans l'observation d'une réalité proche et quotidienne, se servant le plus souvent de sa famille et de ses amis comme modèles. Son frère Diego pose de longues heures pour l'artiste, qui amincit à n'en plus finir son profil. Immuable, surgie d'une pyramide tenant à la fois du buste et du socle, la figure ainsi pétrie se mue en vision intense et lointaine, qui fascine et échappe à la fois.

Alberto Giacometti
Diego (1954).
Bronze :
39 x 33 x 19 cm.

Giacometti n'a cessé de scruter le visage de ses proches, dans un processus de dépouillement constant. Ici, il s'agit de son frère, son modèle le plus fidèle.
▼

des études préparatoires à l'infini

Dans les œuvres de Giacometti, comme dans ses dessins, le but recherché est paradoxal : capter l'essentiel de la présence humaine sans avoir recours à une ressemblance précise. L'artiste impose des séances interminables à ses sujets et détruit d'innombrables études préparatoires. Toujours trop proche ou trop loin de la réalité, le résultat définitif le laisse perpétuellement insatisfait.
Obsédé par l'idée de distance juste, Giacometti tente d'introduire la perspective dans la sculpture. Les formes qu'il modèle deviennent de plus en plus petites, au point, dit la légende, qu'il peut en transporter certaines dans une boîte d'allumettes, glissée dans sa poche.

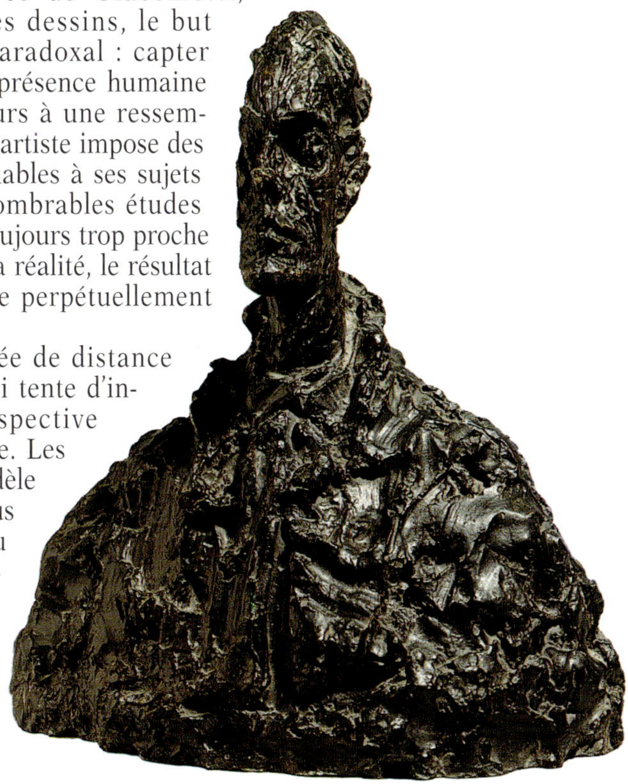

Dès que je prends un crayon, un pinceau, il m'en vient sur le papier l'un après l'autre dix, quinze, vingt. Et sauvages la plupart. Est-ce moi, tous ces visages ? Sont-ce d'autres ? De quels fonds venus ? Ne seraient-ils pas simplement la conscience de ma propre tête réfléchissante?
Henri Michaux.

déformer les contours pour réveiller la forme

Le corps sculpté de Giacometti est un corps écorché. Il fait école en Occident, au lendemain de la Deuxième Guerre mondiale. *Le Ramasseur de moules,* modelé de manière à donner un aspect rugueux, par l'Américain De Kooning, partage le refus de l'esthétisme du sculpteur suisse. Le peintre américain, connu pour les images de « femmes » déformées avec outrance, s'attaque à la figure tridimensionnelle en 1969. Son amour de la matière trouve alors toute sa puissance à l'épreuve de la terre. Travaillant souvent les yeux fermés, expérimentant la sensation directe de la manipulation, De Kooning laisse intentionnellement ses empreintes digitales dans la matière pour l'animer, la transformer en chair.

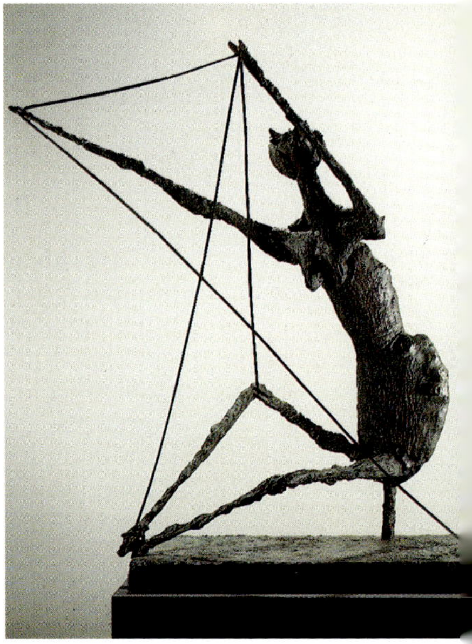

▲ **Germaine Richier** (1904-1959). *La Fourmi* (1953). Bronze : 100,5 x 85 x 61 cm. Galerie Odermatt-Cazeau, Paris.

Germaine Richier, après avoir été l'élève de Bourdelle, poursuit l'élaboration d'un bestiaire violent et tourmenté. Baroque et fantaisiste, *La Fourmi* géante occupe un espace démesuré.

du modelage à la boursouflure

À l'économie de Giacometti, à son travail de modelage par soustraction et à sa recherche d'apesanteur, l'artiste américain répond par une approche boulimique. C'est un corps qui s'échappe à lui-même, un amas chaotique qui déborde et dégouline sur ses socles, ignorant tout contour. Ces excès de matière conduisent, si l'on en croit l'historien Jacques Dupin, à ce que « ce corps qui était celui d'une femme ou d'un homme, n'est plus qu'une masse déformée et crispée, boursouflée et atrocement distendue ». Les matériaux d'origine et la figure sculptée se confondent, l'énergie qui s'en dégage oscille entre la construction et la destruction.

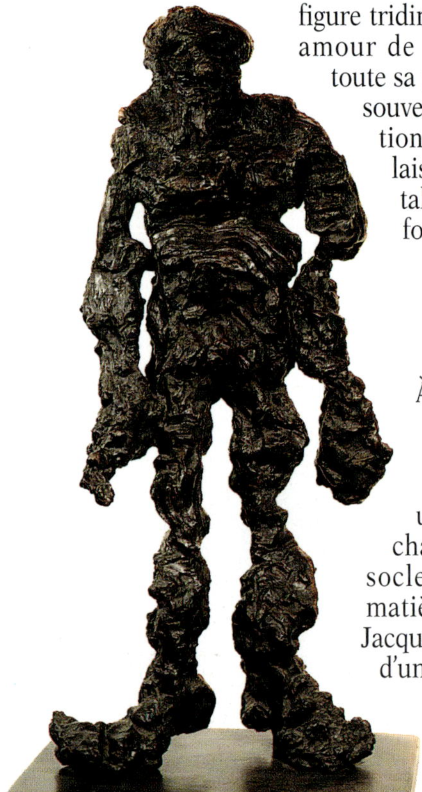

◄ **Willem De Kooning** (né en 1904). *Le Ramasseur de moules* (1972). Bronze : 140 x 63 x 54 cm.

Le Ramasseur de moules est l'exemple même de la frontière fragile entre l'informe et la figure.

La façon dont j'ai commencé la sculpture est intéressante. J'étais assis avec une amie à la terrasse d'un café dans le vieux Rome. Et tout à coup j'ai vu passer un ami new-yorkais, dont l'atelier était tout proche... Il m'a donné de l'argile et j'ai fait quelques figurines, toutes petites, que l'on pouvait tenir dans les mains. C'est comme cela que j'ai commencé.
De Kooning.

Le corps humain reste également l'élément de référence principal de Germaine Richier, l'une des rares femmes sculpteurs ayant accédé à une notoriété mondiale.
« Plus je vais, plus je suis certaine que seul l'humain compte », déclare-t-elle peu de temps après avoir modelé *La Fourmi*, une figure hybride de femme et d'insecte, à la peau épaisse, croûteuse, et aux membres interminables. Richier y exprime son aversion pour le lisse et le plein et obtient une sculpture dont la matière tourmentée et la sensation d'inachèvement qui s'en dégage, provoquent des images angoissantes.

Art pauvre
À l'instar des autres créateurs qui adhèrent à l'*Arte Povera*, mouvement qui se répand en Italie dans les années 60, Penone emploie des matériaux associés à un imaginaire rural et traditionnel. À peine transformés, ces éléments bruts refusent l'influence de la technologie contemporaine.

des limites aux empreintes

Dans le courant des années 70, le corps représenté s'évanouit du champ de la sculpture. Mais dix ans plus tard, il est de retour, en tant que trace, photographié ou imprimé, la plupart du temps. *Le Souffle* de Penone, comme son nom l'indique, montre de manière métaphorique la figure humaine. Cette terre cuite, en forme d'amphore, sur laquelle l'artiste a imprimé son propre corps, renvoie avant tout l'image de notre dialogue avec la matière, sensuel et vulnérable. Éloigné de toute forme d'expression héroïque, de toute manifestation d'une tension tragique, *Le Souffle* reste une affirmation fragile et discrète de l'énergie vitale, une « incarnation » laïque.

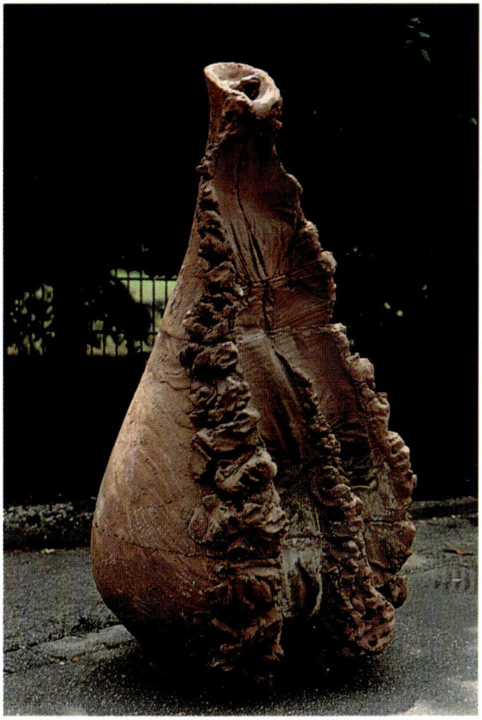

Giuseppe Penone ►
(né en 1947).
Soffio 6 (1978).
Terre cuite :
158 x 75 x 79 cm.

L'artiste cherche à intégrer la croissance végétale dans le processus de son œuvre.

Edouard Kienholz
(né en1927).
Tandis que des visions de prunes confites dansent dans leurs têtes
(1964).
Mobilier de chambre à coucher et mannequins en fibre de verre :
180 x 360 x 270 cm.

Une bouteille de bière, des vêtements jetés à terre, des couvertures usées et froissées constituent un décor trop pensé pour laisser croire à une image de la réalité. ►

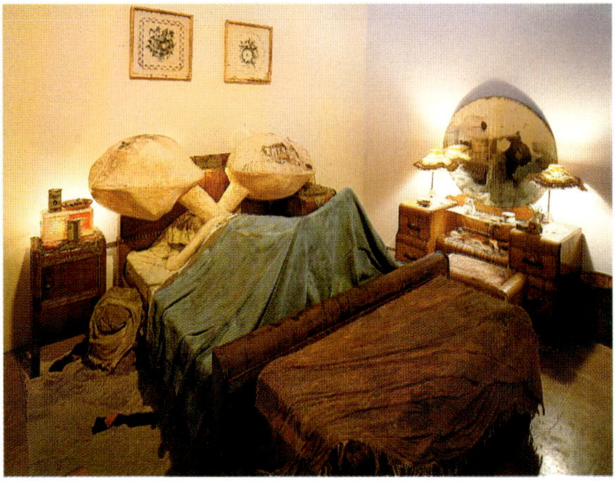

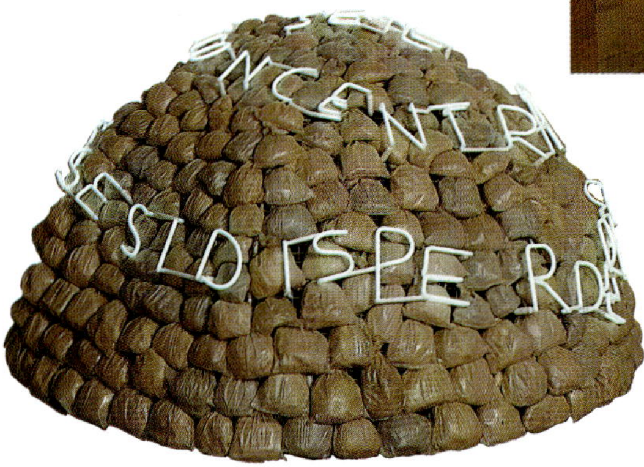

◄ **Mario Merz**
(né en 1925).
Igloo de Giap (1968).
Fer, terre, plastique et néon : 120 x 200 cm.

« Quand j'ai fait l'igloo, j'ai agi avec la force de l'imagination parce que l'igloo ce n'est pas seulement l'élémentarité de la forme, c'est aussi un support à l'imagination. »
Merz .

Jean-Pierre Raynaud ►
Maison (1974-1993).
Carrelage sur matériaux de construction.
Photographie prise à la Celle-Saint-Cloud (œuvre détruite).

Avec Raynaud la maison devient un temple artistique, un emblème de la perfection immaculée. Lucide, l'artiste préfère détruire son rêve au lieu d'assister à sa dégradation par la réalité.

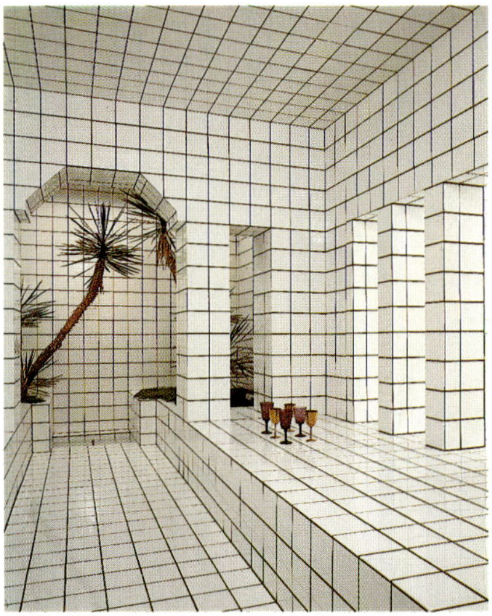

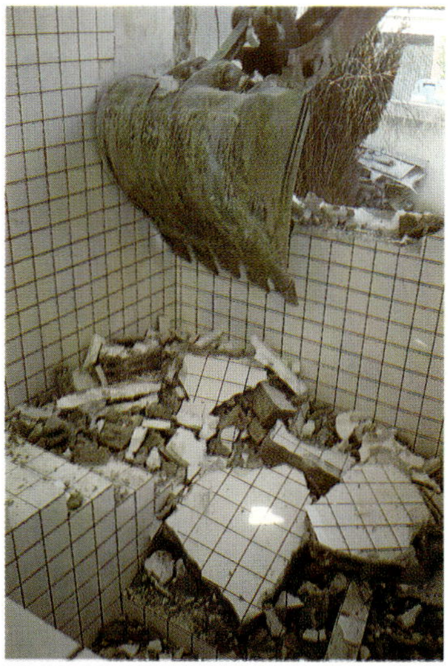

Dedans-dehors

La sculpture envahit décidément tout. Plus que la peinture, elle échappe à toute définition, transgresse toute détermination, ne s'accorde désormais à aucune règle. Après avoir abandonné les matériaux nobles, après avoir quitté le monde de la représentation, après avoir introduit le mouvement et les marques du monde industriel, c'est à sa position dans l'espace et à son rôle social qu'elle lance son dernier défi. Cet envahissement reste toutefois modeste face à l'architecture. Depuis toujours, en effet, la sculpture en est la servante fidèle et obéissante. L'espace, dans lequel on l'a située, est considéré comme un milieu contenant une masse.

Au début des années 60, la sculpture défie cette donnée et tente de « sculpter » son espace propre. Ce n'est plus le matériau seul qui est transformé mais l'environnement entier qu'elle envahit et qui l'envahit à son tour. Elle tente un passage, souvent en force, de son état d'élément accompagnateur à celui d'intervention autonome.
Certes, comme le remarque l'historien de l'art Henri van Lier, déjà chez Moore, « vide et plein s'enroulent pour mettre le spectateur à la fois à l'entour et au dedans du volume ». Mais l'approche du maître anglais, avec toute son audace, est encore celle de la figure humaine dans le sens large du terme. Par contre, le but d'un sculpteur tel que Étienne Martin, Dubuffet ou Raynaud, est la création de ce qu'on peut nommer un lieu sculptural. D'autres artistes, pratiquant le *Land Art*, sortent de la cité afin de produire un environnement qui emploie comme matériau la nature même.

Ces nouveaux urbanistes ou paysagistes, capables d'occuper indifféremment l'espace de la salle d'un musée, celui de la place d'une ville ou d'un coin de désert, donnent souvent une dimension critique à leurs œuvres.

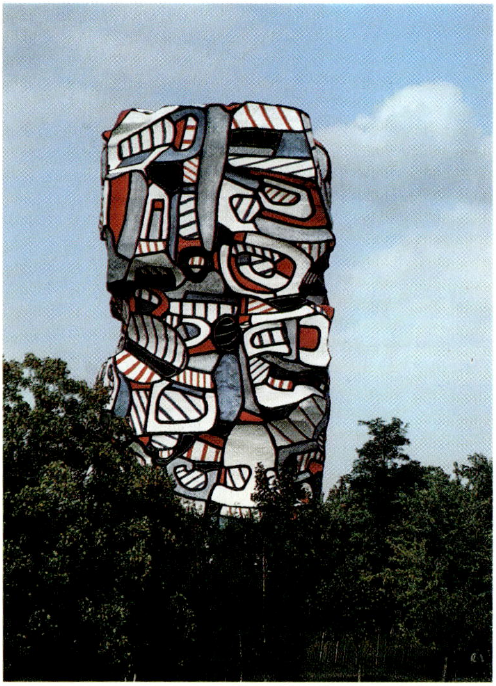

▲
Jean Dubuffet
(1901-1985).
La Tour aux figures
(1983-1985).
Résine peinte et matériaux de construction :
2,40 x 1,20 x 1,20 m.
Fonds national d'art contemporain,
Issy-les-Moulineaux.

La Tour aux figures de Dubuffet reste une forme indéterminée, un signe situé hors du musée. Une structure verticale en résine, bariolée de rouge et de bleu, une compilation désorganisée de volumes en déséquilibre menaçant, un monstre grotesque au corps lourd et enflé.

Joseph-Ferdinand Cheval,
dit **le facteur Cheval**
(1836-1924).
Le Palais idéal (1879-1912).
Pierres et coquillages cimentés :
1,00 x 2,60 x 1,40 m.
Hauterives.
▼

Une obsession assumée pleinement, un château de Louis de Bavière installé au fin fond de la France, un « assemblage » délirant, tel est le *Palais idéal*..

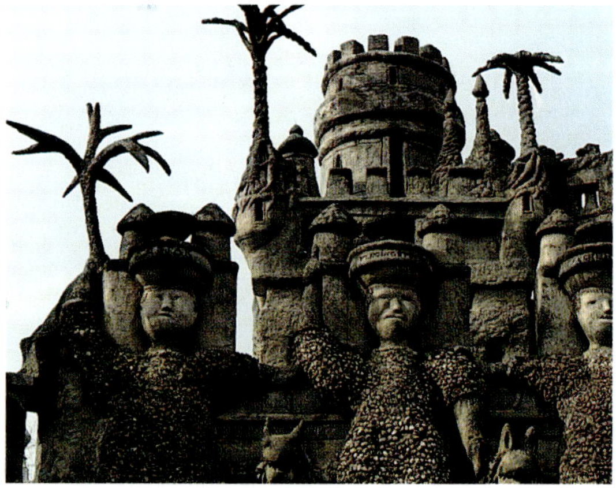

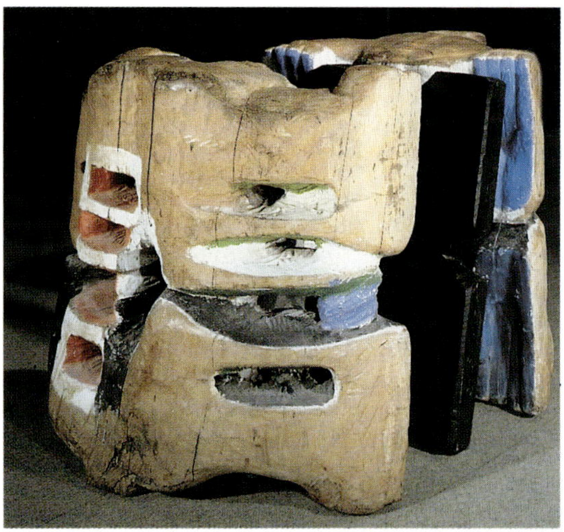

◄ **Henri Etienne-Martin** (1913-1995).
Le Mur miroir (Demeure 15) (1979).
Bois peint et caoutchouc :
130 x 200 x 150 cm.

Resté attaché à la tradition par la taille directe du bois, Etienne-Martin façonne une série de demeures, formes « symboliquement habitables », mi-maison, mi-labyrinthe.

Leurs prises de position dépassent le simple aspect décoratif, leurs interventions ne sont pas guidées uniquement par des critères esthétiques. Souvent impliqués politiquement, ils ne fuient pas leur responsabilité de citoyens et dénoncent la société dans laquelle ils vivent. Leurs « mises en scène » naissent d'une volonté de sortir la sculpture de son splendide isolement et de forcer le spectateur à une réaction active, plus qu'à la traditionnelle adhésion admirative.
Ainsi, l'œuvre de Kienholz, est une installation qui plonge le spectateur dans un intérieur américain des années 50, reconstitué avec une richesse de détails. Les décors, les meubles sont à l'image d'une Amérique typique. Les deux « personnages », en fibre de verre, aux têtes disproportionnées, sont des exemples vivants d'êtres vidés de toute personnalité, des mannequins grotesques enfermés dans un silence. À l'encontre des images propres et lisses, proches de la publicité, que nous proposent les artistes du Pop'Art, l'œuvre de Kienholz, à la fois précise et inquiétante, se veut une version du théâtre de la cruauté.

La concurrence avec l'architecture inspire aux artistes des formes étonnantes qui cherchent leurs sources dans des sociétés à l'écart de la culture occidentale. Ainsi, *L'Igloo de Giap* de Merz n'est pas seulement une forme d'habitat mais aussi une structure mythique dans un contexte urbain et industriel. Son ossature métallique reste invisible, sous les sacs en plastique remplis de terre, sur lesquels sont fixées des inscriptions en tubes de néon. Cette forme organique devient de ce fait même une rencontre entre une matière naturelle, conforme aux origines de l'abri des esquimaux, et une peau artificielle, emblème de la technique moderne. Une demeure ? Éventuellement. Mais surtout un microcosme, une maison primitive, un lieu de la mémoire collective, même lorsqu'il est exposé dans un musée aseptisé.

Quand le sculpteur devient un constructeur, il se nomme Raynaud, et il préfère fabriquer des murs dans lesquels il est censé se loger. Il crée, à partir du carrelage blanc, sa matière fétiche, un environnement ascétique et impénétrable, à mi-chemin entre la maison et le temple. Obsédé, pour ne pas dire habité, par l'aspect immaculé de son œuvre, Raynaud n'a de cesse de la transformer. Mais l'impossibilité de protéger ce refuge contre toute forme de violence incite l'artiste à un geste extrême : en 1993, il le détruit définitivement.

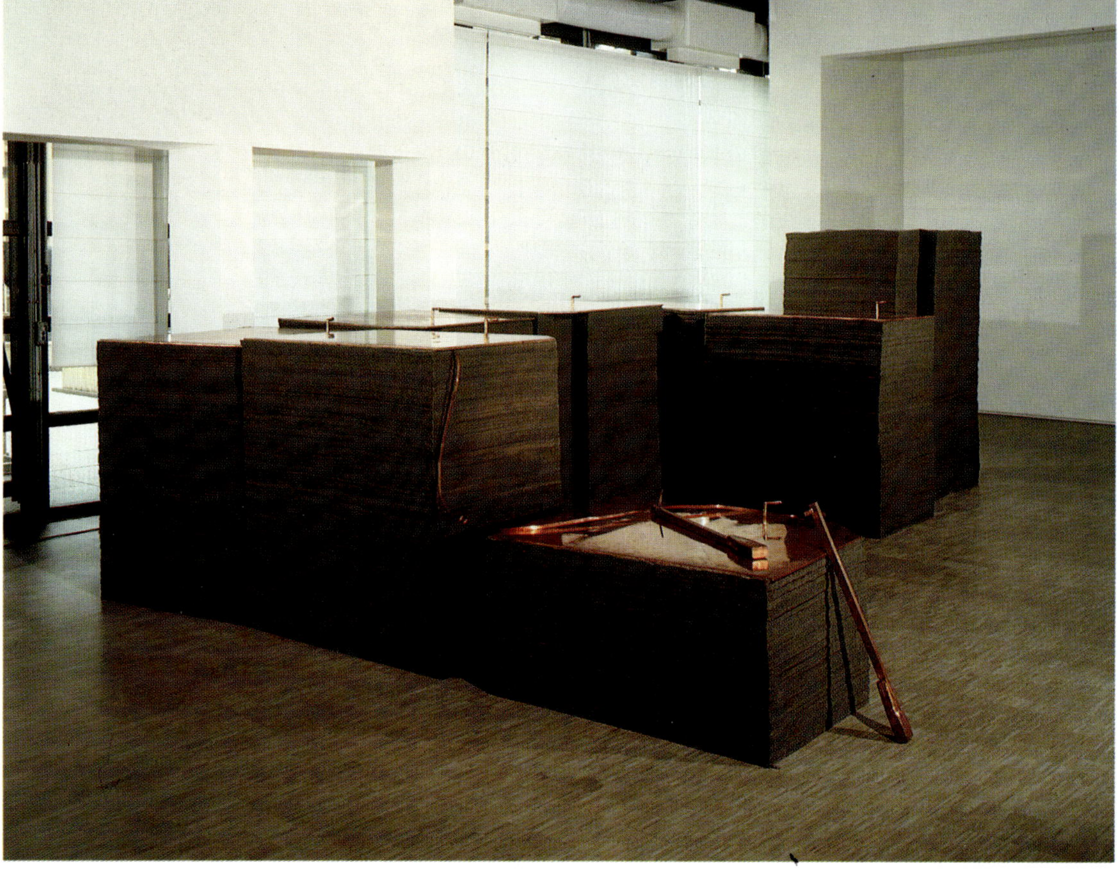

▲
Joseph Beuys
(1921-1986).
Fond VII/2
(1967-1984).
Feutre et cuivre :
196 x 455 x 643 cm.

BEUYS

le politicien sculpteur

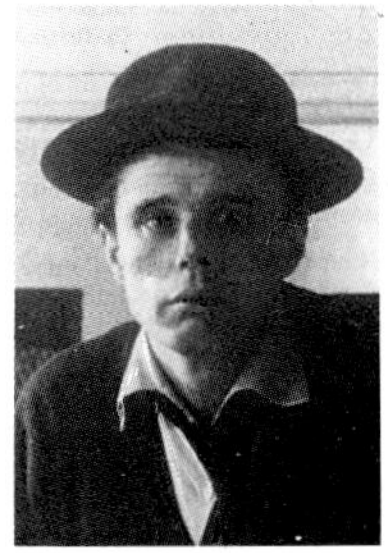

▲
Joseph Beuys, photographie.

Le dernier des huit *Fonds* que Beuys réalise, c'est, en 1967, un environnement de feutre et de cuivre : avant tout, le travail d'un architecte d'intérieur. L'espace du musée n'est plus considéré comme un dépôt neutre, un coffre-fort abritant la production artistique. Il est le cadre d'un théâtre, que l'artiste manipule en metteur en scène.

Joseph Beuys a-t-il vraiment existé ?
La dimension mythique du personnage dépasse toute réalité. Faux messie ou vrai prophète, l'homme s'impose en monument incontournable de l'art contemporain. Dedans ou dehors, l'artiste envahit à lui seul le paysage artistique allemand.

L'œuvre de Beuys se compose de sept piles de feutre de diverses hauteurs. Surmontées d'une plaque de cuivre pourvue d'une poignée, elles délimitent un espace rectangulaire, ouvert sur le devant, qui se prolonge à droite par une huitième pile. Les plaques sont reliées par un ruban de cuivre, parfois posé sur certaines surfaces et parfois invisible.

Fluxus
C'est en 1962 à Düsseldorf que Beuys rencontre les deux principaux acteurs du groupe *Fluxus*, George Maciunas et Name June Paik. Les membres de cette mouvance, active essentiellement aux États-Unis et en Allemagne, partagent avec Beuys les idées d'un art inséparable d'un contexte social et le goût des actions spectaculaires, qui mobilisent les spectateurs et les obligent à intervenir.

la matière comme symbole

Le refus de tout illusionnisme et l'abondance de la matière forcent le spectateur à un affrontement direct avec les éléments constitutifs, les qualités concrètes de l'œuvre. Chaque matériau est chargé d'un sens, révélateur d'un système d'oppositions que Beuys cherche à mettre à nu. Ainsi, le cuivre est choisi en tant que conducteur de chaleur et d'électricité, le feutre en tant qu'isolant. Ce dernier, dont la présence traverse tout l'œuvre de Beuys, est pour l'artiste, la seule matière capable d'accumuler l'énergie statique et de la conserver. Une tension intériorisée toutefois, car le feutre est un élément protecteur des influences extérieures. Lié au silence, il absorbe et assourdit tous les sons.

la sculpture comme mémoire et comme discours

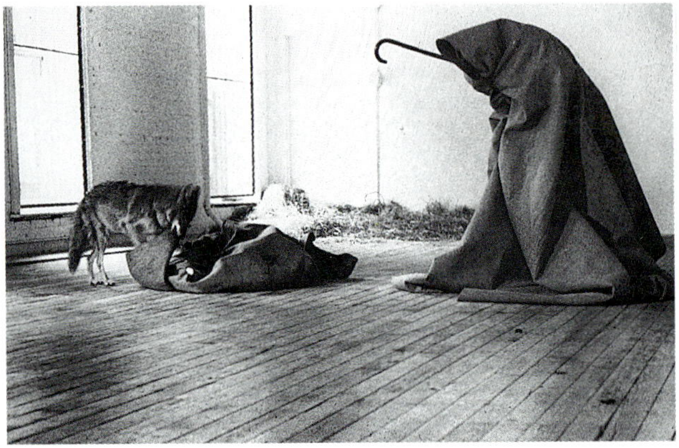

◀ **Joseph Beuys**
Coyote (1974).
Performance mettant en scène pendant trois jours l'artiste, un coyote vivant et des objets.
Photographie d'archives.

Refusant de fouler le sol américain avant la fin de la guerre du Viêt-nam, Beuys est transporté dans une ambulance de l'aéroport de New York à la galerie René Block. Il s'y enferme trois jours avec un coyote, symbole du conflit de l'Amérique avec les Indiens. Selon l'artiste, toute activité artistique doit être politique.

L'univers de Beuys est celui du mutisme. Il transmet un sentiment d'étrangeté, de participation à un rituel intime. Ce sentiment de communion s'explique par la volonté de Beuys d'employer uniquement des matériaux qui font partie de son histoire personnelle. Plus qu'aucun artiste, il transforme sa vie en un mythe, mythe qui sert de substance à son œuvre.

Dès 1958, Beuys choisit le feutre, le bois, le cuivre, le miel, qui se réfèrent à son accident d'aviation pendant la Seconde Guerre mondiale. Abattu au-dessus de la Crimée, blessé, il aurait été recueilli par des nomades qui, pour le soigner, l'auraient couvert de graisse et l'auraient enroulé dans du feutre. Cet épisode ou cette fiction, marque toute la production de l'artiste.

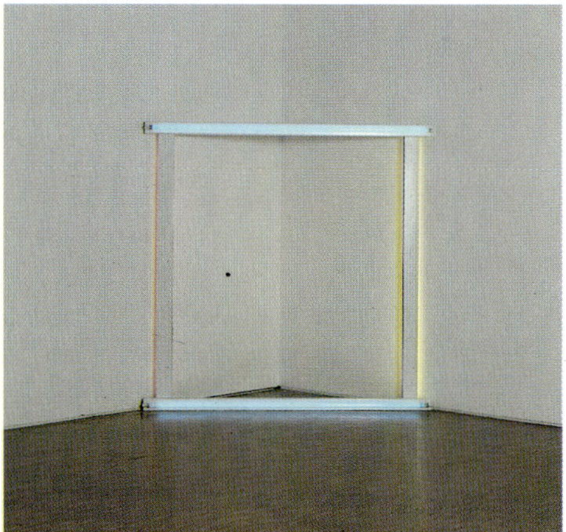

Dan Flavin ▶
(né en 1933).
Sans titre, (A Donna) (1971).
Tubes de lumière fluorescente et métal peint :
245 x 245 x 139 cm.

Un environnement constitué par des tubes fluorescents, des couleurs électriques. La sculpture tente sa transgression, la matière se dissout en lumière.

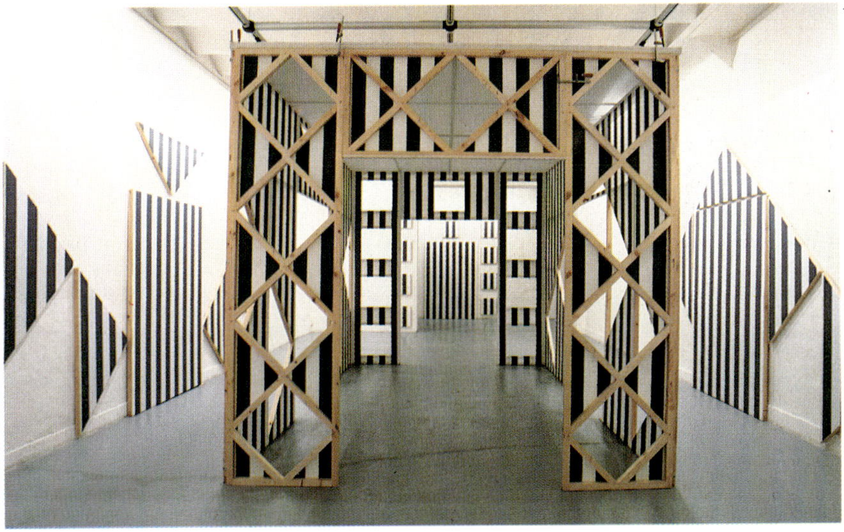

◄ **Daniel Buren** (né en 1938). *Photo-souvenir : La Cabane éclatée n° 2* (vers 1992). Tissu et bois collé : 280 x 420 x 280 cm. Musée d'art contemporain, Marseille.

Buren construit *in situ*, c'est-à-dire à l'intérieur d'un musée ou d'une galerie, un espace miroir qui oblige notre regard à questionner le cadre qui l'entoure.

Critique
Le travail de Buren se résume à une critique des pratiques de l'art traditionnel. L'artiste s'applique à révéler le lieu d'exposition, ses défauts, ses contradictions ou ses particularités. Chaque intervention s'élabore en fonction d'un espace défini et peut se trouver indifféremment à l'intérieur ou à l'extérieur d'un lieu choisi.

la sculpture à pas feutrés

La matière employée par Beuys s'approche de la vie dans la mesure où elle suit des phénomènes évolutifs comme le pourrissement, le séchage, la décomposition ou le changement de couleur. Ses actions, ses interventions, se situent souvent dans le cadre politique de l'Allemagne d'après-guerre. Elles véhiculent un message social, tout en utilisant la notion de narcissisme.

le corps et le discours

L'homme et l'artiste sont inséparables, car Beuys, avec le chapeau en feutre qui fait partie de son image de marque, soigne son allure en même temps qu'il cherche des nouvelles formes de création. Une dimension supplémentaire s'ajoute à la compréhension et à l'appréciation de l'œuvre de l'artiste allemand : son discours, mis en valeur par son charisme médiatique.

En envahissant l'espace, la lumière de Flavin le transforme et le dématérialise souvent. Le bain lumineux a, en effet, pour propriété d'abolir les frontières entre l'environnant et l'environné qui ne font plus qu'un, et l'œuvre devient une situation, un lieu d'expériences perceptives liées aux déplacements du spectateur.
Ghislain Mollet-Viéville.

la sculpture devient un parcours : une installation

L'agrégat d'objets et de matières qu'affronte le spectateur face à l'œuvre de Beuys correspond-t-il encore à une définition admise de la sculpture ? La réponse à cette question est cruciale car elle implique une révision générale de nos catégories esthétiques. Les réactions face à l'artiste allemand restent emblématiques de l'incertitude prudente qu'impose toute production contemporaine qui échappe à nos habitudes.
La beauté ou l'élégance explicite ne sont d'aucune utilité face à ce type d'œuvres, dont l'origine remonte au début des années 60. Le terme généralement employé, *installation*, signifie environnement, ou scénographie. L'artiste remplit un espace, ou le balise, à l'aide de matériaux hétéroclites issus de registres para-artistiques. L'installation décloisonne les disciplines, refuse la séparation définitive entre le cadre muséal et l'espace de la vie.
Ce ne sont pas les objets choisis, souvent banals, qui forment le cœur de cette nouvelle forme d'expression, mais leurs relations réciproques et leur rapport au spectateur.

Recyclage
Les morceaux de bois de Toni Grand, les ardoises de Richard Long ne sont que deux exemples d'une certaine ambiguïté de la sculpture moderne. Cette « nature pour citadins » doit être recyclée par les artistes pour avoir le droit de la cité.

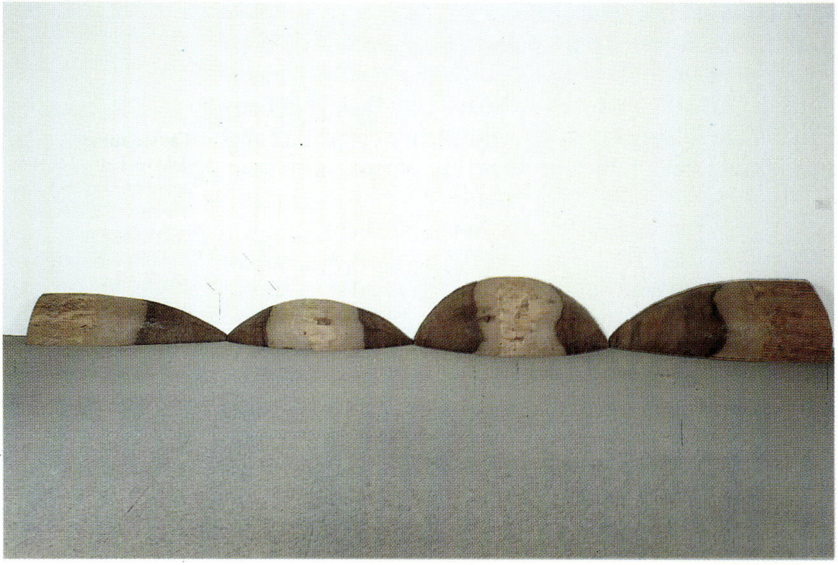

◄ **Toni Grand** (né en1935). *Bois écorcé* (1978-1979). Bois (kotibé), 4 éléments : 61 x 162 x 41, 60 x 162 x 39, 38 x 162 x 28, 38 x 162 x 27 cm.

Quatre pièces en bois, à même le sol, sont l'expression d'une sculpture qu'on peut considérer comme « élémentaire », proche de l'objet naturel.

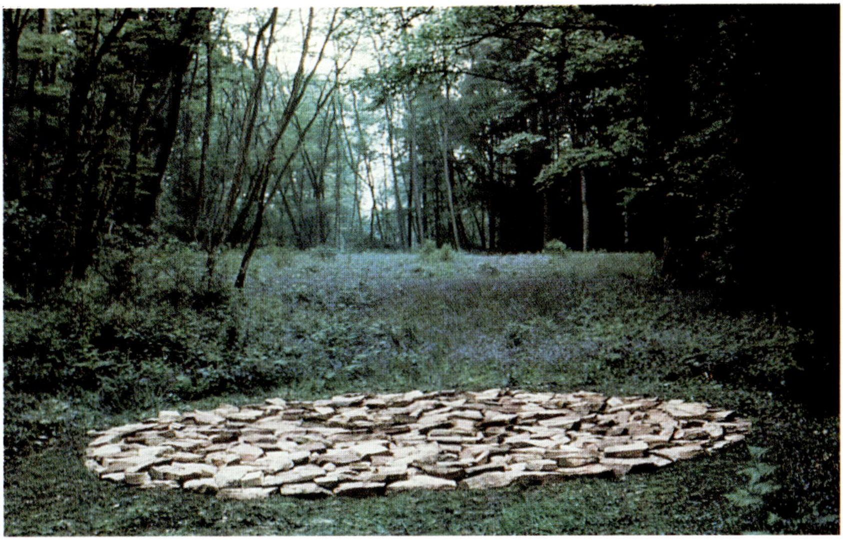

◄ **Richard Long** (né en 1945). *Cornwall Slate Circle* (1981). Ardoise : 450 cm de diamètre.

« Mon œuvre est réelle, ni illusoire, ni conceptuelle. Elle traite des pierres réelles, du temps réel, des actions réelles », dit l'artiste.

sculpter la vie

L'évolution de la sculpture contemporaine est difficilement compréhensible sans prendre en compte les nouvelles relations que les artistes entretiennent, à partir des années 60, avec le corps et l'espace dans son ensemble. Le *Body Art* ou l'*Art corporel*, signifie le choix du corps comme support privilégié de l'œuvre, lors de manifestations publiques, baptisées *performances* ou *happenings*. Les Anglais Gilbert et George, sculptures vivantes, immobiles sur une table dans leurs costumes gris, exposent leurs personnes des heures durant. À la banalité extrême de leur geste répond la violence d'artistes viennois, comme Nitsch ou Muehl, qui couvrent leurs corps de sang et d'excréments, face à un public ahuri. Le sculpteur apporte son corps, il en fait la matière de toute sa production, se transforme en un auto-Pygmalion. Du *Body Art* aux installations, le sculpteur devient à la fois l'acteur et le metteur en scène d'un nouveau spectacle.

Anne et **Patrick Poirier** (nés en1942). *La Mort d'Éphialtes* (1982). Marbre, bronze et eau: 11 x 6 m. Collection Gori, Italie.

Nostalgique ou ironique ? Les fragments d'une sculpture classique sont dispersés au milieu de la nature. ▼

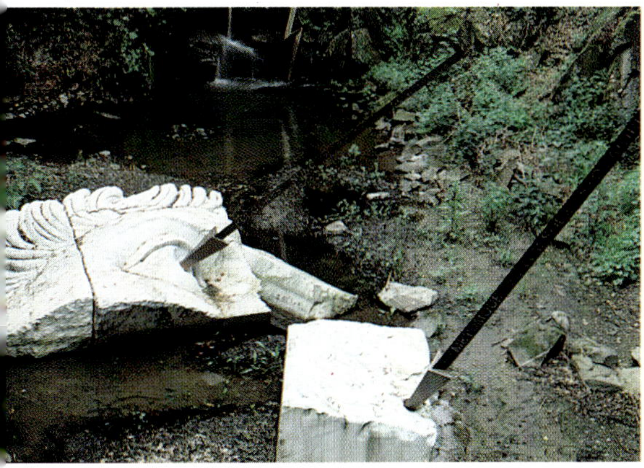

Fausse ruine
Anne et Patrick Poirier sont un cas parmi d'autres couples d'artistes qui travaillent ensemble. Sculpteurs-archéologues, ils élaborent des maquettes réelles et imaginaires de villes antiques, une vision poétique du passé, une esthétique de la fausse ruine.

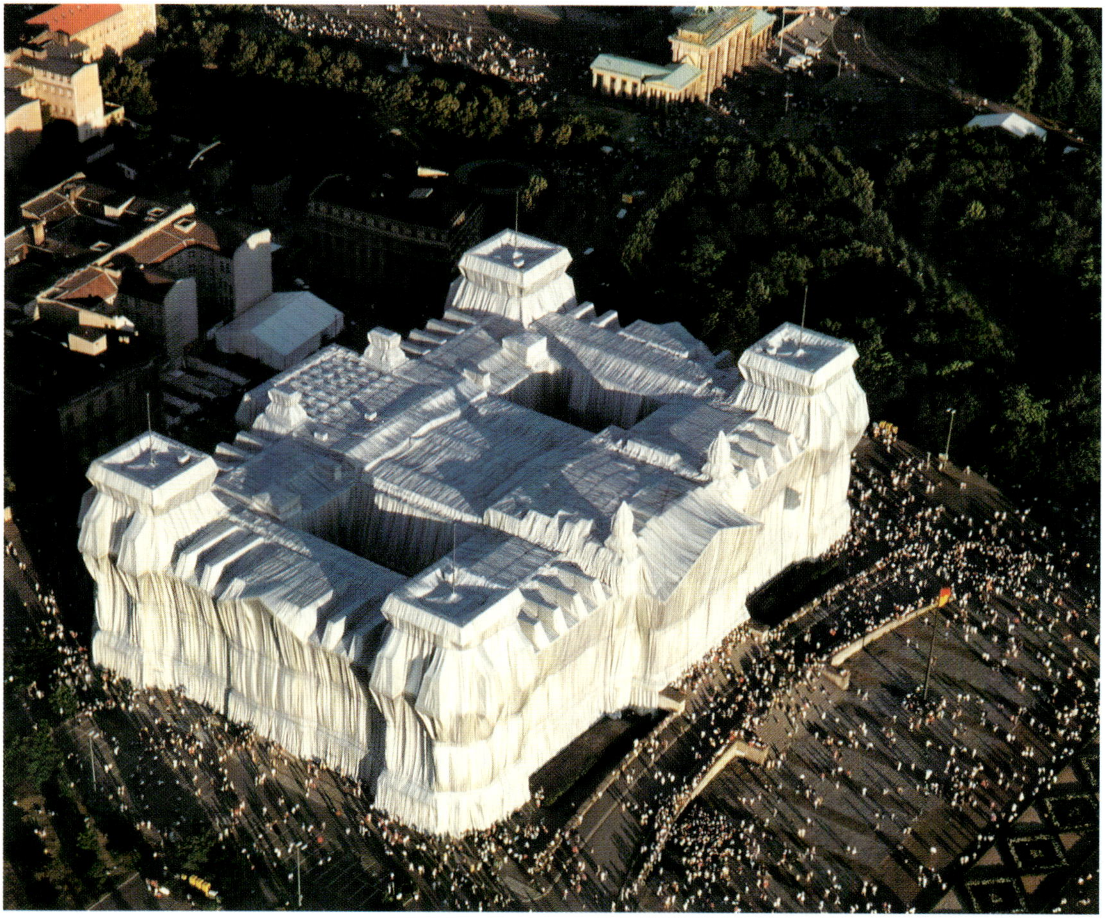

▲
Christo (né en 1935)
et **Jeanne-Claude**.
Reichstag (1995).
100 000 m^2 de tissu et
16 km de cordes :
13,5 x 9, 6 m.
Photographie d'archives
prise à Berlin
(œuvre détruite).

CHRISTO

le prestidigitateur

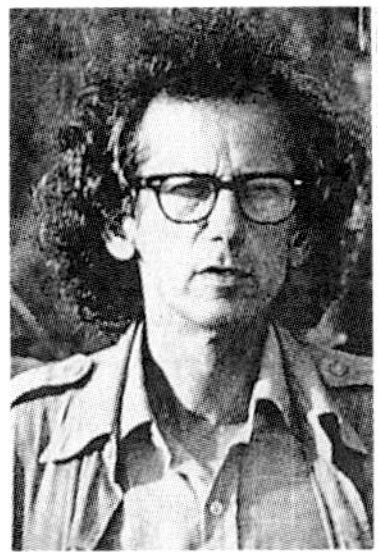

▲
Christo Javacheff, photographie.

Quel est le monument qui fut empaqueté durant le mois de juin 1995, en drapé toile blanc-argent, et qui fait 135 x 96 m avec, aux coins, quatre tours carrées hautes de 42,5 m ? Réponse : c'est le Reichstag, l'ancien Parlement de Berlin, après un étrange traitement infligé par le couple d'artistes Jeanne-Claude et Christo.

Peut-on encore parler d'une sculpture, face à une architecture emballée, dont le but initial était d'assembler, sous un même toit, les députés allemands ? Y a-t-il œuvre quand les artistes ne font qu'ajouter un revêtement, une deuxième « peau » ? Mais peut-être, sous sa « cape » esthétique, se cache la nouvelle sculpture monumentale, investie d'un rôle symbolique au sein de la cité.

Éphémère
Le bâtiment fonctionnel devient une construction génératrice qui fonctionne comme transformateur de matériaux sur un plan purement visuel. Disparue, l'opération ne conserve comme traces que des clichés photographiques ou des dessins préparatoires qui achèvent leur trajet dans un musée.

art et politique

L'envergure de l'entreprise (100 000 m^2 de tissu et 16 km de cordes) rappelle au spectateur qu'une œuvre d'art n'est pas uniquement un objet esthétique mais aussi une démarche unifiant art et politique. Le choix de la cible n'est pas innocent. Inauguré en 1894, le Reichstag est l'emblème de la démocratie allemande. Théâtre de la prise du pouvoir en 1933 par Hitler, il symbolise depuis, l'Allemagne divisée et à nouveau réunifiée en 1989.
Dès 1971, Christo exécute des maquettes de l'emballage pour lequel il n'obtient toutes les autorisations nécessaires que vingt-quatre ans plus tard. L'aspect administratif de la réalisation en est un élément essentiel pour l'artiste.

sauver le quotidien de l'oubli

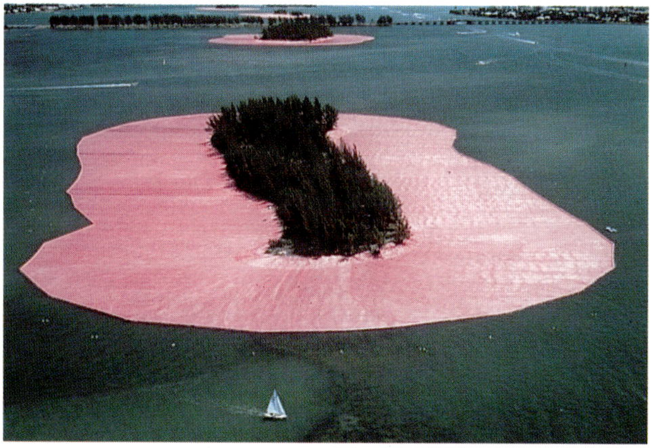

◄ **Christo**
Les Îles encerclées
(1980-1983).
557 400 m² de toile rose de polypropylène tissé : 11 îles.
Biscayne Bay, Miami.

Les habitants des localités environnantes découvrent face à eux des plages artificielles, des gigantesques gâteaux de tissus, des bonbons aux couleurs de rouge à lèvres. En 1983, les artistes « habillent » de toile de polypropylène rose une dizaine d'îles au cœur de la Floride. Ces tissus flottants formulent une version tridimensionnelle des *Nymphéas* de Monet.

Le geste des Christo (la femme de l'artiste, Jeanne-Claude, collabore activement à la réalisation des œuvres récentes), qu'on peut assimiler à une résurrection artistique, cherche, avant tout, à redonner vie à un fantôme stationné au cœur de la ville. Déguisée en sculpture momentanée, c'est une masse considérable qui disparaît et réapparaît. Transformée, elle nous

Andy Goldsworthy ►
(né en 1956).
Sans titre (1992).
Pierres et terre, deux éléments :
1,5 x 1,5 m chaque.
Centre d'art contemporain, Vassivière.

Un serpent d'eau, qui pénètre dans le lac, déguisé en mur.

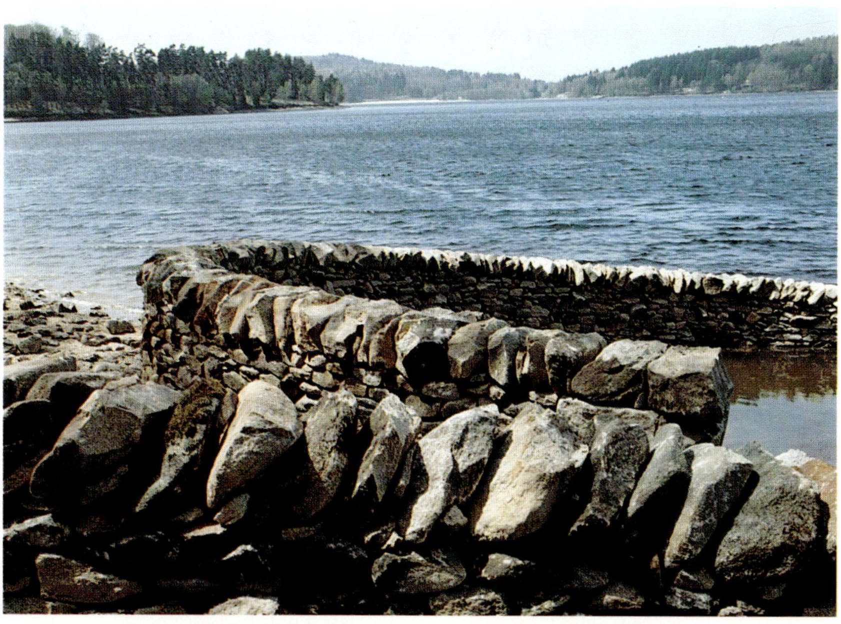

Les transformations de l'environnement
Les manifestations des Christo vont de l'installation d'une clôture en tissu blanc, haute de 5,3 mètres, qui parcourt une quarantaine de kilomètres des collines californiennes pour se jeter dans l'océan Pacifique, à l'empaquetage du Pont-Neuf à Paris. Elles gardent toujours un caractère unique car chaque volume est spécifique et chaque lieu établit son dialogue propre avec l'œuvre.

force à imaginer, à reconsidérer la forme ancienne cachée et se débattant sous les toiles et les cordages. Empaqueté, le Reichstag lutte contre l'indifférence du regard sur le volume, sur l'espace.
Sculpture architecturale ou architecture sculpturale, il échappe à sa destinée initiale, se transfigure en signe, en manifestation artistique, permet un nouvel aperçu du quotidien.

Gigantisme
La majorité des projets américains de *Land Art* est réalisée dans des régions désertiques où le gigantisme de l'espace et l'absence de réglementations contraignantes permettent de modeler le cadre naturel sur une grande échelle.

des machines à voir l'espace

Quand les Christo ne « sculptent » pas l'espace urbain, leurs interventions se situent dans un cadre mitoyen, celui d'une nature habitée, « civilisée ». À l'encontre des *land artistes*, comme Smithson ou Walter de Maria, qui cherchent l'éloignement et l'isolement, et en font les conditions essentielles d'expériences uniques dans un décor inhabituel, les Christo s'intéressent à l'introduction du singulier dans un cadre familier.
L'essentiel demeure le décalage, la rupture des habitudes. En emballant un pont au cœur d'une ville ou des îles au large de la Floride, Christo perturbe.

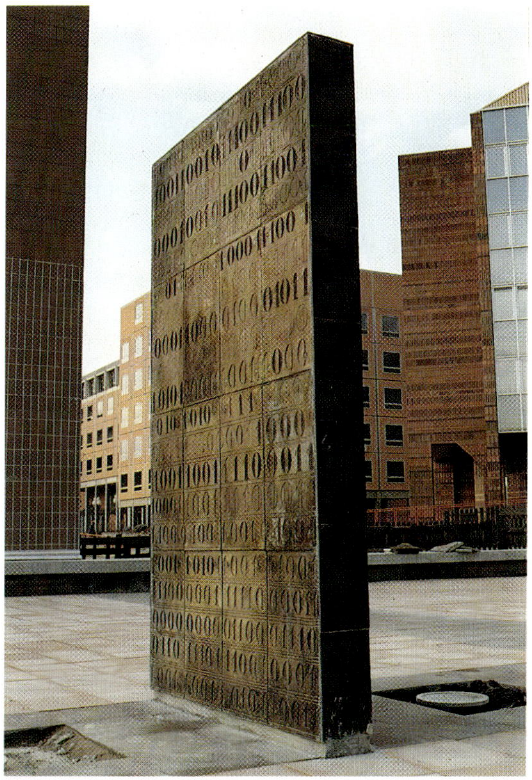

Pierre-Marc De Biasi ►
(né en 1950).
Trois Stèles pour une histoire de l'écriture
(1988).
Béton et asphalte : 300 x 17 x 25 cm.
Ville de Grenoble.

Une stelle en béton couverte de signes ou la feuille d'un livre démesurément agrandi, auquel on aurait appliqué une typographie secrète réservée aux géants ?

considérer la planète comme un support ordinaire

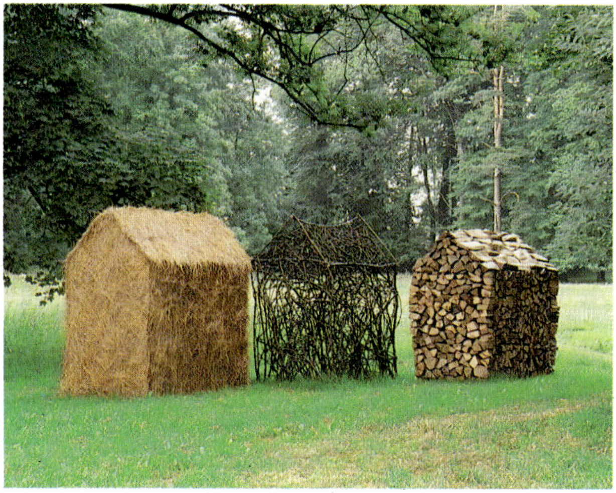

◄ **François Méchain**. *Trois Petites Maisons*. Bois et paille. Parc de Bailleul.

Trois maisons d'une taille semblable, faites de paille, de branchages et de bûches, des matériaux différents qui s'accordent parfaitement avec la nature environnante.

La désignation *Land Art* est née aux États-Unis à la fin des années 60. Le plus connu de ses adeptes demeure Roberth Smithson, dont la *Jetée en spirale*, de 1970, une rampe qui tourne sur elle-même et ne mène nulle part, fait figure de manifeste. 457 x 4,5 m de rochers, de terre et de cristaux de sel, forment cette boucle monumentale. Comme souvent pour les interventions sur le paysage, le projet gigantesque prend place dans un des déserts de l'ouest américain.

Robert Smithson ► (1938-1974). *Spiral Jetty* (1970). Pierres, terre et cristaux de sel : 45,70 x 4,5 m. Grand Lac Salé, Utah. Photographie d'archives (œuvre disparue).

Sur le Grand Lac Salé à Utah, la spirale est une façon de sculpter dans la nature, avec la nature. L'œuvre a disparu à la suite de la montée des eaux du lac.

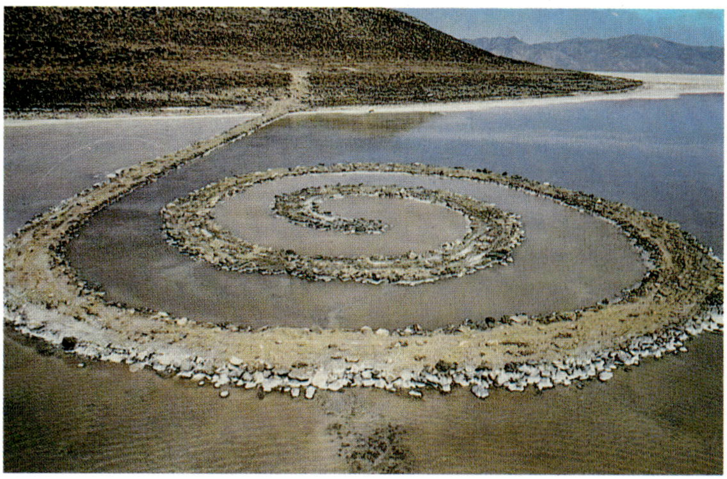

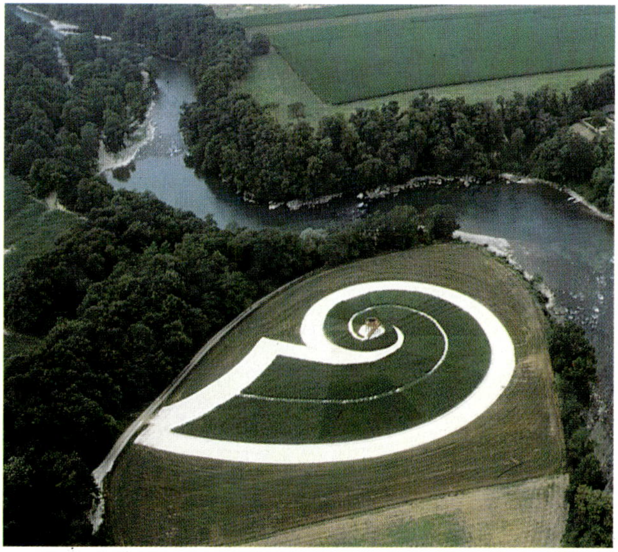

◄ **Nils Udo**
(né en 1937).
Le Maïs (1994).
Maïs, bois et paille : spirale inscrite dans un carré de 85 m², tour centrale : environ 3 m de haut. Photographie prise à Laàs (œuvre détruite).

Spirale ou cercle, les artistes du *Land Art* affectionnent la courbe, une forme géométrique « naturelle ».

Récupération
Avec le *Land Art* les artistes avaient la certitude de sortir de l'univers des musées et du marché de l'art. Pas pour longtemps, toutefois. Ces œuvres, d'une nature éphémère, continuent à circuler sous forme d'enregistrements vidéo et de photographies et reviennent ainsi dans le circuit commercial. La pureté écologique n'a pas fait long feu.

écologie mystique

Contrairement à celles des Christo, les opérations de Smithson ne tentent pas d'ajouter de nouveaux éléments à l'environnement, ne cherchent pas à établir un dialogue entre l'artificiel et le naturel. Pour l'artiste, la nature n'est jamais achevée et il se donne le droit d'intervenir en direct sur le processus de transformation. Il n'utilise pratiquement que des matériaux trouvés sur place, aussi le terme employé pour ses travaux, *Earthworks* (ouvrages de terre), définit-il de façon précise sa démarche. Ses constructions, conçues comme des projets de récupération des sols, s'inspirent des formes des pyramides antiques ou des labyrinthes médiévaux, mais à l'évidence sans aucune fonction utilitaire. Elles demeurent sculpturales.

des sculptures pour géants

Des œuvres gigantesques, bâties à l'aide de machines industrielles, dans des lieux à l'écart de la population ! L'effort demandé au spectateur pour y accéder revêt les allures d'un processus initiatique, à mi-chemin entre l'écologie et une vision quasi mystique de la nature. C'est de « l'extérieur », où mieux encore, à vol d'oiseau, qu'il faut contempler ces monuments naturels.

***Land Art* apprivoisé**
Parfois le *Land Art* prend des directions imprévisibles. Ainsi Walter De Maria, dans son *New York Earth Room* de 1977, occupe, avec 127 tonnes de terre, l'espace d'une galerie new-yorkaise de 335 m² sur une hauteur de 56 cm. Une nouvelle version du jardin suspendu ?

Culture-nature
La transformation de la nature est un geste paradoxal. Geste modeste, car l'artiste se fait un simple accompagnateur du processus général d'évolution. Geste d'une prétention extrême, car il perturbe la séparation traditionnelle nature-culture.

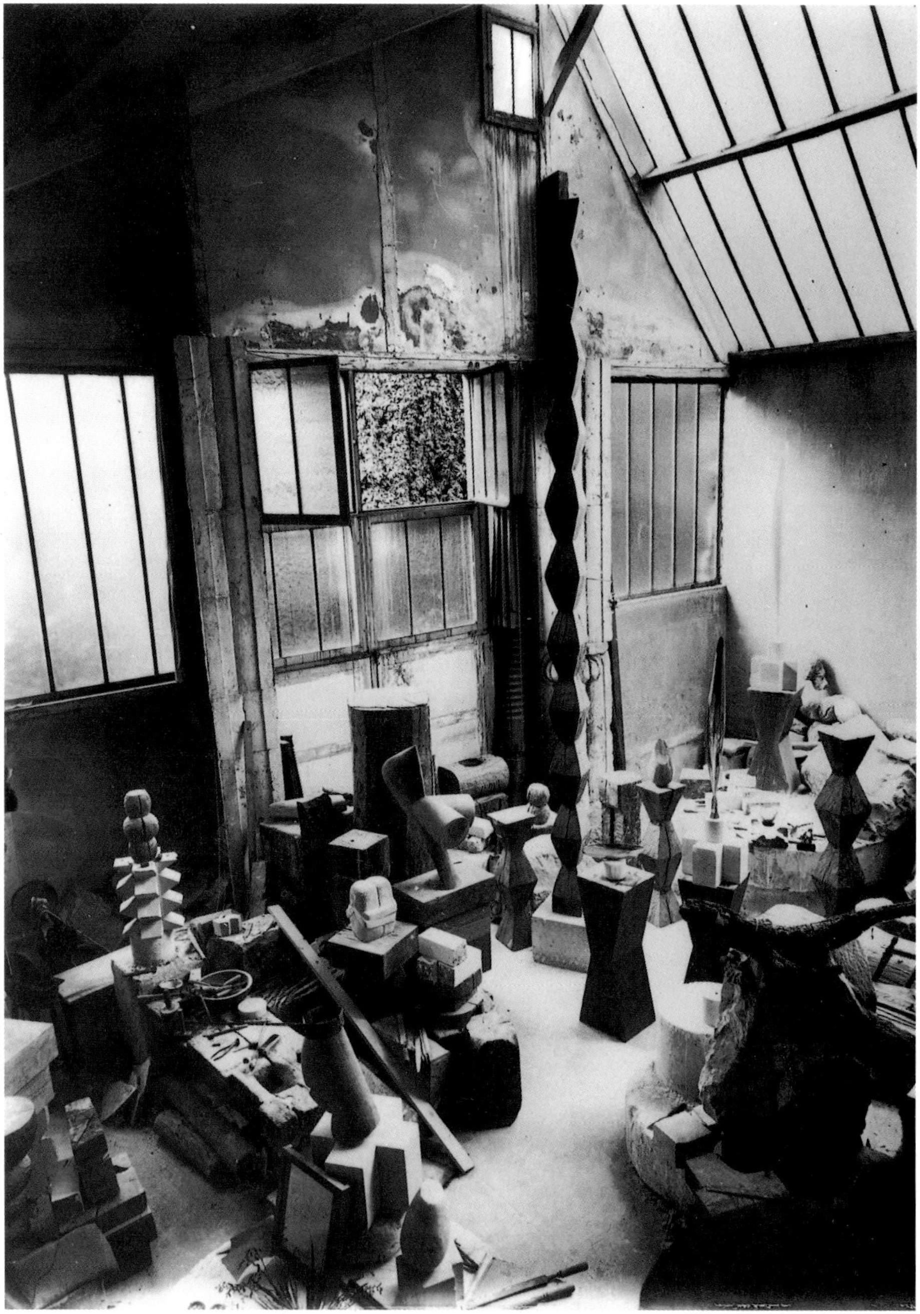

BRANCUSI

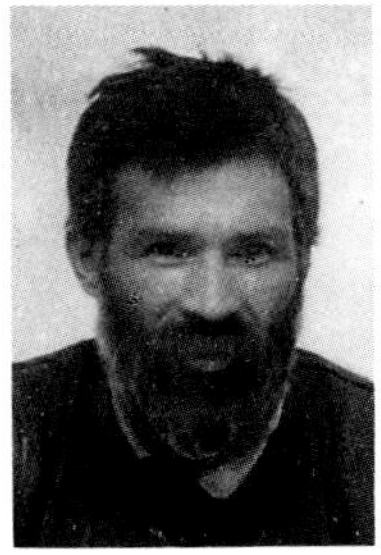

▲ Brancusi, photographié vers 1914-1915.

Le trajet de Brancusi est légendaire. Né dans un village des Carpates en Roumanie, fils de paysans, il traverse l'Europe à pied, dit-on, au début du siècle, pour vivre dans la capitale consacrée de l'avant-garde, Paris. Admis en 1906 dans l'atelier de sculpture le plus respecté, celui de Rodin, Brancusi n'y reste que peu de temps. Parce que, dit-il, « rien ne pousse à l'ombre des grands arbres ».

La carrière de Brancusi est celle d'un solitaire. Il refuse le naturalisme tout en cherchant à exprimer une nouvelle réalité plastique, et sans admettre la solution géométrique proposée par les sculpteurs cubistes.

Roumanie
Brancusi devient un symbole pour sa Roumanie natale. En 1935, il reçoit la commande d'un monument aux morts pour la ville de Tirgu Jiu. Il bâtit un véritable chemin initatique le long du fleuve : une *Table du silence* et la version monumentale du *Baiser*, nommée *Porte du baiser*, qui mesure plus de 5 mètres de haut. Le site est dominé par la *Colonne sans fin*, haute de 29 mètres.

l'artisan de la perfection

Taillés directement dans le bois, la pierre ou le marbre, les volumes observés dans la nature sont transformés par Brancusi en des formes ovoïdes essentielles. Tout accessoire, tout détail est éliminé. Les motifs se réfèrent le plus souvent au monde de la création : à l'embryon, à l'œuf original, au mystère de l'univers. La matière, que l'artiste polit et repolit, acquiert des éclats qui s'approchent de la transparence, voire de la translucidité.

En 1925, Brancusi s'installe impasse Ronsin, dans l'atelier qu'il léguera à l'État français en mourant. L'artiste s'enferme dans son univers, le remplit de différentes variations de ses œuvres et ne le quitte que pour quelques voyages : les États-Unis pour faire des affaires, l'Égypte et l'Inde pour rêver, la Roumanie pour lui léguer son œuvre la plus célèbre, *La Colonne sans fin*.

◄ Lieu refuge de Brancusi, son atelier parisien de l'impasse Ronsin (qu'il a légué à l'État français) a été déménagé et reconstitué à l'identique sur la place du Musée national d'art moderne en 1977. Photographie prise par l'artiste.

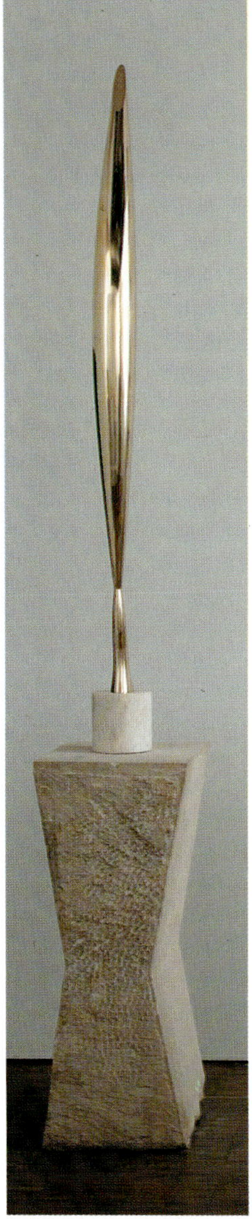

Constantin Brancusi, *L'Oiseau dans l'espace* (1941). Bronze : 191,5 cm. ▶

Page suivante : *L'Oiseau dans l'espace* (1936). Plâtre : 194,5 cm.

• **Sources :** il s'agit de l'oiseau fabuleux Maïastra qui, selon une ancienne légende roumaine, montre au prince le chemin qui le mène vers sa bien-aimée. S'inspirant de ce conte, qui dans sa version russe a fourni au musicien Stravinski le point de départ de son *Oiseau de feu*, Brancusi représente l'animal en plein vol.

• **Description :** si Maïastra avait une forme ovoïde, une poitrine gonflée, un cou distinct, *L'Oiseau dans l'espace* est une ellipse tendue à l'extrême. Sa partie principale est un élément long et mince, aux contours ondulants, cambré vers l'avant. Taillée dans du marbre noir, blanc ou gris ou modelée en plâtre, posée sur un socle géométrique, cette sculpture à la surface lisse, polie, semble dénuée de poids, de présence concrète. Élancé, étiré dans l'espace, parce qu'il aspire à la pureté, l'oiseau se transforme en un élan ascensionnel. La verticalité, qui domine toute la production de Brancusi, s'affirme au fur et à mesure des années, au fil de différentes versions de la même œuvre.

• **Socle :** pour la majorité des artistes modernes, la sculpture doit descendre de son piédestal. Le socle, la base de l'œuvre, isolait jusqu'au XIXe siècle l'œuvre de son environnement, comme le faisait le cadre pour le tableau. Accrochée au mur, au plafond, ou posée directement au sol, la sculpture moderne touche le spectateur en partageant directement son espace. Pour Brancusi, la solution se trouve ailleurs : il ne fait aucune différence entre l'œuvre et son socle. Ce dernier devient une partie intégrante de la sculpture, une structure qui permet de projeter le tout dans l'espace. En 1922, son ami Henri-Pierre Roché écrit : « Brancusi a réalisé des socles magnifiques, l'un d'eux est aussi beau, grand et élaboré qu'une sculpture. » Conclusion logique, l'artiste expose en 1926 cinq socles dans une galerie américaine.

• **L'unique et le multiple :** il existe de nombreuses versions de *L'Oiseau dans l'espace* : vingt-sept marbres ou bronzes polis, ainsi que quelques versions en plâtre.

Quelle meilleure démarche pourrait-on avancer de l'espoir d'aboutir précisément à l'œuvre définitive à travers de multiples essais de Brancusi, de son pressentiment de l'infini et de sa volonté de trouver des proportions idéales pour une forme pure et simplifiée ? « La hauteur de l'oiseau ne veut rien dire en soi. Ce sont les proportions intimes de l'objet qui font tout... Mes deux derniers oiseaux, le noir et le blanc, sont ceux où je me suis approché le plus de la mesure juste. »

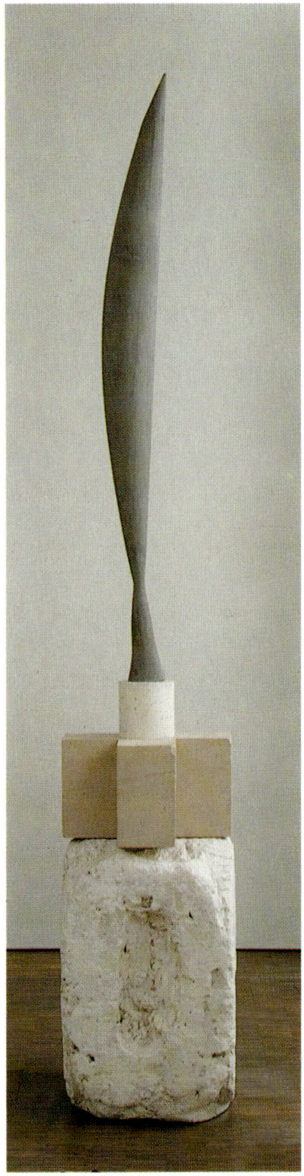

• **Le procès :** en 1926, Brancusi qui expose souvent aux États-Unis, entame un procès contre la douane américaine qui conteste le caractère artistique de ses œuvres et refuse d'accorder à *L'Oiseau dans l'espace* le statut de sculpture au moment du passage à la frontière. Le jugement prononcé en faveur de l'artiste résume parfaitement l'aspect révolutionnaire de la production de Brancusi :
« (...) s'est développée ce qui s'appelle une nouvelle école en art dont les chefs de file cherchent à figurer des idées abstraites plutôt qu'à imiter des objets naturels ».

• **Signification :** une sculpture ? une forme taillée dans la matière ? Certes, mais pas seulement un simple volume.
« Ce n'est pas l'enveloppe extérieure qui est réelle, mais l'essence des choses », dit Brancusi. *L'Oiseau dans l'espace* n'est pas la simple représentation d'un volatile posé sur un socle. Il s'agit surtout de l'expression d'un concept, de la transformation d'une idée abstraite en une forme concrète ; d'un défi à la pesanteur, d'un arrachement aux lois de la gravitation. « Ce n'est pas l'oiseau que je sculpte mais le vol » dit Brancusi.

Comme toute œuvre remarquable, *L'Oiseau dans l'espace* unit la beauté et l'intelligence, refuse la séparation entre la forme et le sens, entre le geste et le matériau. Bref, il parvient à la métamorphose de la matière inerte en un souffle de vie.

Tableau récapitulatif

Aux alentours de l'an 1900, les œuvres de quatre maîtres (Gauguin, Degas, Rodin et Brancusi) donnent à la sculpture de nouveaux objectifs.

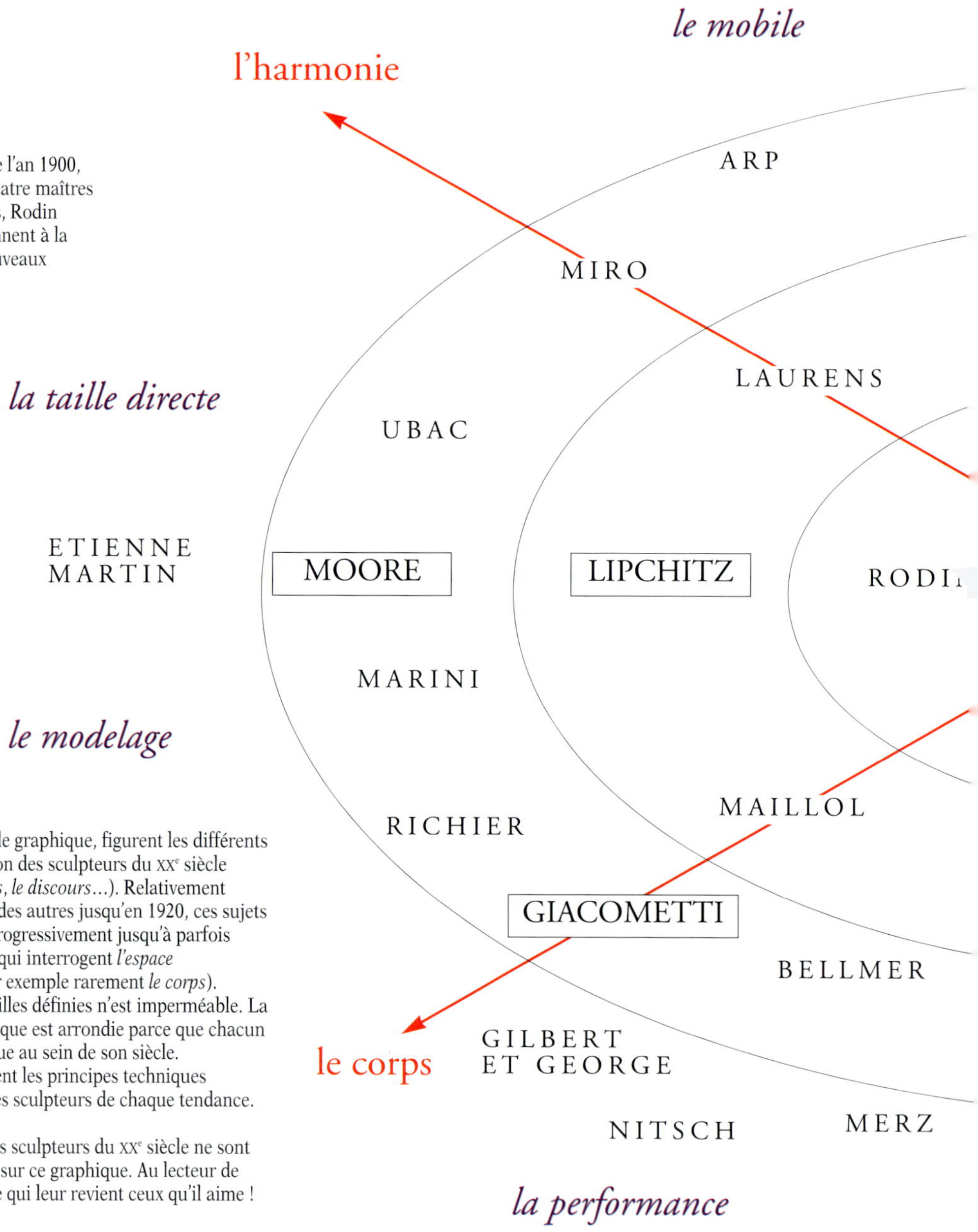

• **En rouge** sur le graphique, figurent les différents sujets de réflexion des sculpteurs du XXe siècle (*l'espace, le corps, le discours…*). Relativement proches les uns des autres jusqu'en 1920, ces sujets se distinguent progressivement jusqu'à parfois s'opposer (ceux qui interrogent *l'espace* représentent par exemple rarement *le corps*). Aucune des familles définies n'est imperméable. La forme du graphique est arrondie parce que chacun des artistes évolue au sein de son siècle.

• **En bleu** figurent les principes techniques privilégiés par les sculpteurs de chaque tendance.

Bien sûr, tous les sculpteurs du XXe siècle ne sont pas mentionnés sur ce graphique. Au lecteur de mettre à la place qui leur revient ceux qu'il aime !

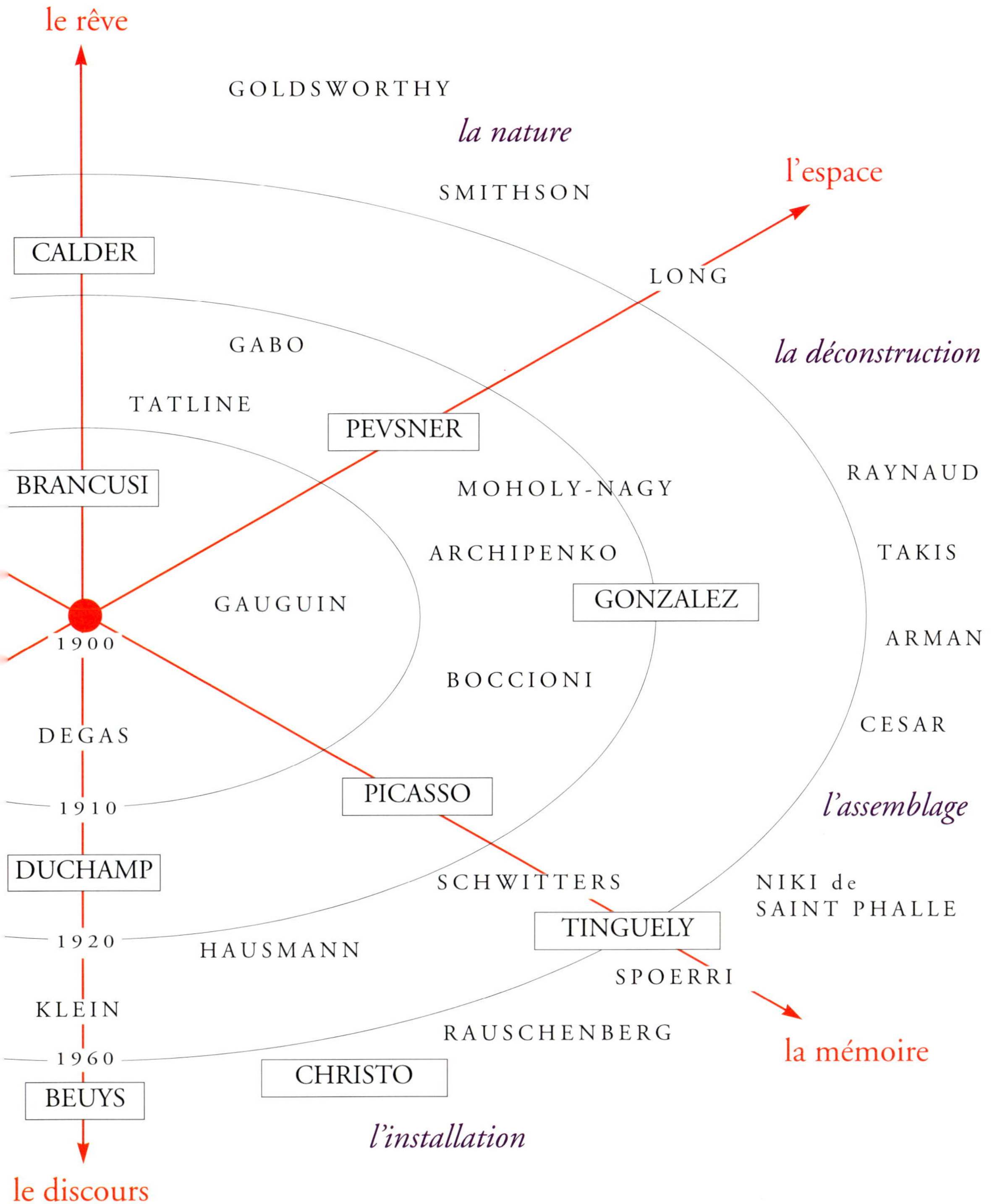
le rêve
GOLDSWORTHY
la nature
l'espace
SMITHSON
CALDER
LONG
GABO
la déconstruction
TATLINE
PEVSNER
BRANCUSI
MOHOLY-NAGY
RAYNAUD
ARCHIPENKO
TAKIS
GAUGUIN
GONZALEZ
1900
ARMAN
BOCCIONI
DEGAS
CESAR
PICASSO
1910
l'assemblage
DUCHAMP
SCHWITTERS
NIKI de SAINT PHALLE
TINGUELY
1920
HAUSMANN
SPOERRI
KLEIN
RAUSCHENBERG
la mémoire
1960
CHRISTO
BEUYS
l'installation
le discours

Fiches biographiques

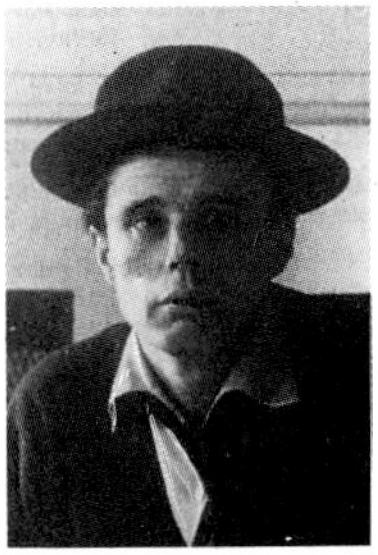

Joseph Beuys

• Installateur allemand, né à Krefeld en 1921.
• Josef Beuys commence des études de médecine en 1939, avant de devenir pilote d'attaque dans l'armée. De 1946 à 1951, il suit les cours de l'académie des beaux-arts de Düsseldorf.
• Installé à Clèves où il a vécu enfant, Beuys conçoit ente 1958 et 1963 un inventaire des matériaux (feutre, cuivre, bois, soufre, miel, graisse, os, etc.) qu'il juge essentiels pour la sculpture contemporaine.
• Professeur de sculpture à l'académie de Düsseldorf de 1961 à 1972, il travaille sur la notion de « sculpture sociale » et rejoint le mouvement *Fluxus* avec lequel il organise des spectacles interdisciplinaires. Beuys réalise également de nombreux *happenings* se déclare chaman et fonde le Parti étudiant allemand, ainsi que l'Organisation des non-électeurs. En 1974, il crée l'Université libre, puis milite en faveur de l'écologie.
• À partir de 1976, Beuys devient le symbole de l'avant-garde allemande, universellement reconnu et célébré jusqu'à sa mort, qui survient dix ans plus tard.
• L'œuvre de Beuys est essentiellement constituée d'archives photographiques et cinématographiques, de croquis et de manuscrits, ainsi que d'objets commercialisés sous la forme de multiples, largement diffusés après la mort de l'artiste par ses assistants. Quelques installations monumentales du sculpteur préservées figurent aujourd'hui dans les musées d'art contemporain allemands, notamment à Bonn et à Krefeld, ainsi qu'à New York et à Paris.

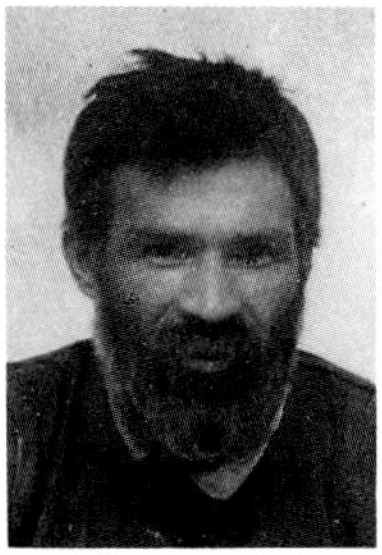

Constantin Brancusi

• Sculpteur roumain naturalisé français, né à Hobitza en 1876.
• Fils de paysan et petit-fils de charpentier, Constantin Brancusi fréquente à partir de 1894 l'école des arts et métiers de Craiova, puis celle des beaux-arts de Bucarest où il est diplômé en 1902.
• Installé à Paris en 1904, il voue une admiration passionnée à Rodin. En 1907, l'œuvre de Brancusi *Le Baiser* quitte le registre de la sculpture traditionnelle pour adopter un vocabulaire de formes sobres et symboliques, à la fois géométriques et figuratives.
• Épurant toujours plus les formes qu'il taille à la hache dans le bois ou qu'il modèle dans le plâtre, puis fond en bronze et polit longuement, Brancusi développe un vocabulaire de formes organiques et dynamiques. Typiquement moderne dans sa manière de traquer les formes de l'infini, Brancusi ne se dit « abstrait » que dans la mesure où il dialogue avec l'essentiel. À partir de 1926, il effectue plusieurs séjours aux États-Unis, ainsi que dans les deux pays dont il admire la culture : l'Égypte et l'Inde.
• Enterré au cimetière de Montparnasse en 1957, Brancusi demeure le patriarche de la sculpture moderne.
• Si les collections publiques d'art contemporain de New-York, de Paris et de Bucarest possèdent aujourd'hui l'essentiel de l'œuvre de Brancusi, c'est à Tirgu-Jiu, en Roumanie, que l'on peut voir l'ensemble monumental qui regroupe *La Table du silence*, *La Porte du baiser* et *La Colonne de l'infini*.

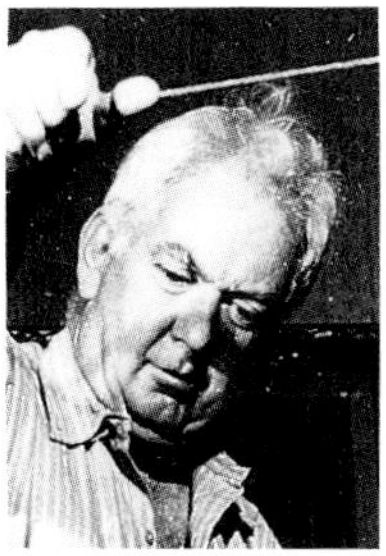

Alexander Calder

• Sculpteur américain, né à Lawnton (Philadelphie) en 1898.
• Fils et petit-fils de sculpteur, Alexander Calder obtient en 1919 son diplôme d'ingénieur mécanique, au Stevens Institute of Technology de Hoboken. En 1923, il entre à l'Art Students League de New York.
• Installé à Paris en 1926, il expose au salon des Humoristes un *Cirque* dont les 200 personnages en fil de fer tordu et bouts de chiffons lui servent à présenter un spectacle qui dure deux heures. Deux ans après, la première exposition de sculptures en fil de fer signées Calder se déroule à New York. Le sculpteur devient l'ami des artistes Miró, Arp, Léger, Mondrian et Duchamp.
• En 1932, Calder expose des sculptures abstraites en tiges et plaques métalliques articulées. Les « mobiles », peints en noir et parfois rehaussés d'un ou deux aplats de couleurs vives, connaissent un grand succès.
• Assisté par son gendre, Davidson, et par son marchand parisien, Aimé Maeght, Calder travaille jusqu'à la fin de sa vie, en 1976, dans son atelier français de Saché, à des sculptures toujours plus monumentales, commandées par des architectes américains et par la plupart des musées d'art moderne du monde.
• L'Unesco de Paris, l'aéroport de Dallas, Grenoble, Montréal, Cambridge... Partout dans le monde, lorsqu'une esplanade urbaine requiert une sculpture moderne, c'est d'abord à « un Calder » que l'on songe.

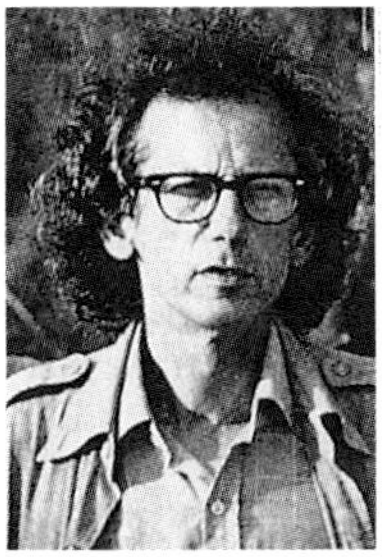

Christo Javacheff

• Installateur bulgare naturalisé américain, né à Gabrovo en 1935.
• Christo fréquente de 1952 à 1956 l'académie des beaux-arts de Sofia, puis celle de Vienne (Autriche) pendant quelques mois.
• Installé à Paris en 1958, il commence à empaqueter des objets quotidiens. À partir de 1961, il projette d'emballer des édifices publics, et réalise des accumulations de bidons métalliques industriels.
• Habitant New York à partir de 1964, Christo persévère dans son idée de dissimuler les formes d'objets et de bâtiments connus (un arbre, une fontaine, une tour), afin d'en souligner la présence. En 1968, il obtient l'autorisation d'emballer la Kunsthalle de Berne ; en 1972, celle de tendre dans une vallée du Colorado un immense rideau de toile. Régulièrement depuis, l'artiste intervient dans le monde entier de manière monumentale, sur un monument célèbre ou dans un paysage superbe.
• Emballé durant l'été 1995, le Reichstag de Berlin faisait partie des projets de Christo depuis 1972.
• Éphémères par définition, les œuvres de Christo figurent dans la plupart des musées occidentaux sous la forme de croquis, de maquettes et de photographies, dont la vente permet à l'artiste de financer ses futures interventions, qui demandent toutes des kilomètres de tissu, la participation de dizaines de personnes et une colossale organisation gérée par la femme de l'artiste qui depuis 1993 co-signe les œuvres.

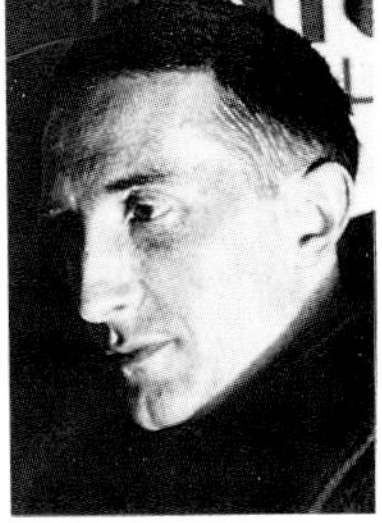

Marcel Duchamp

• Théoricien francais, né à Blainville-Crevon en 1887.
• Frère d'un peintre et d'un sculpteur, Marcel Duchamp exécute d'abord quelques toiles post-impressionnistes.
• Installé à Paris (et à New York avec ses amis Picabia et Man Ray à partir de 1915), il y expose en 1912 un *Nu descendant un escalier* qui fait scandale. L'année suivante, Duchamp montre des objets manufacturés, achetés au Bazar de l'Hôtel de Ville, en prétendant qu'il s'agit de sculptures d'un nouveau genre : les *ready made* (déjà prêts). Duchamp devient le théoricien de l'avant-garde.
• Auteur de collages, d'assemblages, de bricolages, Duchamp révèle surtout un talent de rédacteur d'articles et de conférencier. Fasciné par la modernité et obsédé par l'hygiène, il définit une nouvelle pensée artistique, susceptible de se passer complètement de l'œuvre sensible. Sa haine du travail artisanal et de l'émotion qui en résulte, se combine avec un violent cynisme et avec beaucoup d'humour. Grand joueur d'échecs, adorant se travestir et être photographié, son nom demeure aujourd'hui synonyme de « perturbation ». En 1964, il fait fabriquer, pour les commercialiser, des multiples et des miniatures d'après l'idée de ses œuvres anciennes, disparues entre-temps.
• Mort à Paris en 1968, Duchamp laisse un souvenir polémique.
• L'idée du multiple permet à la plupart des musées d'art contemporain du monde de posséder aujourd'hui quelques objets signés Marcel Duchamp.

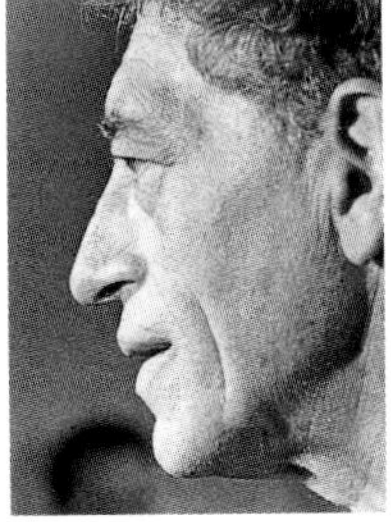

Alberto Giacometti

• Sculpteur suisse, né à Stampa en 1901.
• Fils de peintre et petit-fils d'aubergiste, Alberto Giacometti fréquente en 1919 l'école des arts et métiers et l'école des beaux-arts de Genève. Puis il effectue plusieurs voyages en Italie.
• Installé à Paris en 1922, Giacometti vit chez le sculpteur Archipenko, adore le musée du Louvre et suit les cours de Bourdelle. Giacometti peint. En 1930, il modèle une *Boule suspendue*, en plâtre, qui séduit les surréalistes.
• Fasciné par la représentation de la tête humaine, Giacometti se retrouve délaissé par les artistes de la modernité, sauf Picasso, dès le début des années 30. Il persévère toutefois, en utilisant l'angle géométrique, puis la matière tourmentée, au doigt et au couteau, pour insuffler à des figures hiératiques un dynamisme original. Son frère et sa femme deviennent ses modèles privilégiés. Reconnu à partir de 1950, invité, primé, il expose des *Hommes qui marchent* et travaille avec le marchand Aimé Maeght.
• Solitaire et passionné, Giacometti meurt en 1966, laissant à sa femme le soin de créer une fondation à Paris.
• Paris, Londres, New York, etc. Le principe du tirage en bronze permet à la centaine de sculptures réalisées par Giacometti d'être multipliée et diffusée un peu partout en Occident. À Saint-Paul-de-Vence, la Fondation Maeght a créé une cour spéciale, à l'extérieur du bâtiment, pour présenter les nombreuses œuvres du sculpteur qu'elle possède, grâce au contrat qui lia longtemps Giacometti à Aimé Maeght.

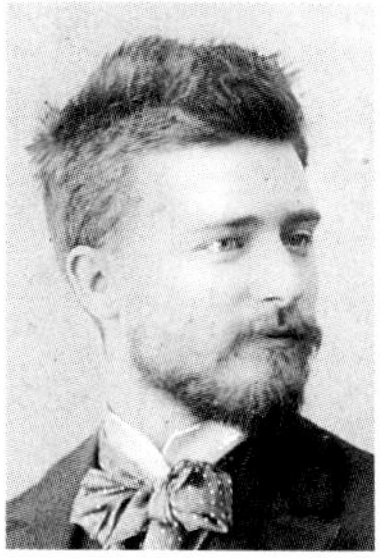

Julio Gonzalez

• Sculpteur espagnol, né à Barcelone en 1876.
• Fils et petits-fils de ferronniers, frère de peintre, Julio Gonzalez fait un apprentissage en famille avant d'entrer aux beaux-arts de Barcelone.
• Installé à Paris en 1899, Gonzalez qui gagne sa vie comme orfèvre retrouve son ami Picasso, et reçoit le soutien des sculpteurs Brancusi, Gargallo et Despiau. Aux usines Renault en 1917, il découvre la soudure autogène. À la fin des années 20, il découpe des plaques de fer pour fabriquer des masques et des natures mortes, puis se laisse influencer par la tendance abstraite.
• Technicien exceptionnel, Gonzalez, mis sous contrat par la Galerie de France, accepte en 1931 d'apprendre la soudure à Picasso, et de l'aider à réaliser quelques œuvres. Parallèlement, l'ancien ferronnier développe un univers discret mais puissant de formes graphiques, cernant l'espace jusqu'à provoquer avec lui d'étonnants effets de densité. Pointes disposées en rangs parallèles, crans découpés selon des rythmes énergiques, les assemblages que réalisent Gonzalez demeurent organiques et essentiellement décoratifs.
• Sa mort subite, en 1942, peu de temps après le mariage de sa fille avec le peintre Hartung, laisse l'œuvre de Gonzalez inachevée.
• Sculptures au Musée national d'art moderne de Paris, et dessins au musée du Louvre : l'importante donation faite par sa fille Roberta permet au sculpteur ferronnier d'être admirablement représenté en France.

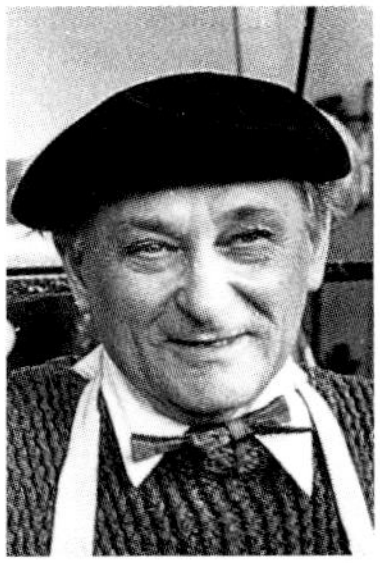

Jacques Lipchitz

• Sculpteur lituanien, né à Druskieniki en 1891.
• Jacques Lipchitz fait des études d'architecture à Vilno.
• Installé à Paris en 1909, il suit différents cours comme ceux de l'École des beaux-arts et de l'académie Julian. Influencé par le cubisme, il en retient la beauté géométrique et produit ses premières œuvres, fondées sur une structure essentielle, minimale, à angles droits.
• C'est, comme Henri Laurens, en fabriquant des bas-reliefs polychromes que Lipchitz met au point son vocabulaire : la superposition de profils compose la forme. Dans les années 30, il revient à la figure anthropomorphe et à l'émotion. Installé aux États-Unis en 1941, le sculpteur pétrit de plus en plus la matière, afin de bâtir des espaces organiques et baroques.
• Lipchitz meurt en 1973, lors d'un séjour en Italie, vingt ans après que le musée d'art moderne de New York lui ait consacré une grande rétrospective.
• Essentiellement conservées dans les collections publiques et privées de New York, des œuvres en bronze de Lipchitz appartiennent également aux musées d'art moderne français.

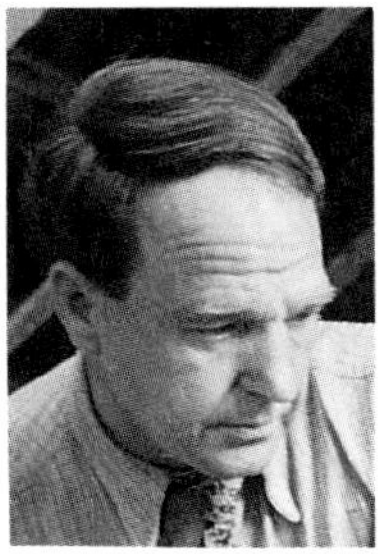

Henry Moore

• Sculpteur anglais, né à Casteford en 1898.
• Fils de mineur, Henry Moore suit d'abord les cours de la Leeds School of Art puis ceux du Royal College of Art de Londres, avant de recevoir sa première commande : un bas-relief pour le métro de la ville.
• Installé à Londres, Henry Moore s'intéresse autant aux arts primitifs et au surréalisme qu'à Michel-Ange et à Brancusi. En 1930, l'esprit de son œuvre, constitué d'un mélange d'humanisme, de naturalisme et d'abstraction, est formulé.
• Moore étudie toute sa vie le jeu des pénétrations et celui des face-à-face. Il sculpte des têtes et des habitations symboliques. Préférant les variations, c'est surtout à partir de la « figure couchée » que le sculpteur produit des volumes organiques. Expérimentant le dialogue de fils tendus avec des formes architecturales, minutieusement polies, coulées en bronze ou taillées dans le bois, il renouvelle son inspiration en observant des squelettes, des coquillages et des œuvres précolombiennes.
• Disparu en 1986, Moore laisse à ses deux assitants le soin de diffuser son œuvre, aujourd'hui gérée et exportée par la Fondation Henry Moore dans le monde entier.
• La plupart des musées du monde possèdent des sculptures d'Henry Moore. À Much Hadham, près de Londres, on peut admirer, autour du dernier atelier de l'artiste, ses bronzes monumentaux présentés en plein air. À Toronto (Canada), un Centre de Sculpture Henry Moore présente la plupart de ses plâtres.

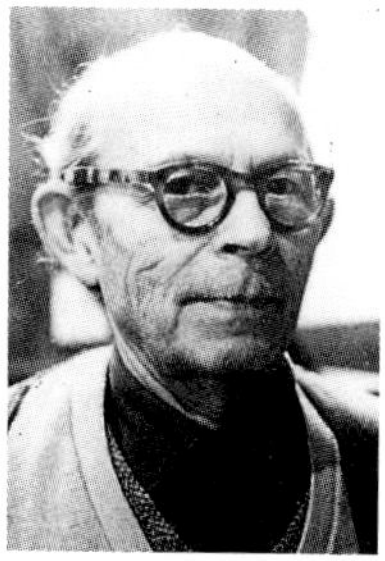

Antoine Pevsner

• Sculpteur russe, né à Orel en 1886.
• Fils d'ingénieur, Antoine Pevsner étudie aux beaux-arts de Kiev de 1902 à 1909, puis passe un an aux beaux-arts de Saint-Pétersbourg.
• Installé à Paris en 1911, il y reste deux ans, déçu par le cubisme mais fasciné par la Tour Eiffel. Vivant ensuite à Oslo, avec son frère, l'artiste Gabo, Pevsner formule le projet d'un art sculptural nouveau, plus concerné par le vide que par le plein.
• Nommé en 1917 professeur aux Ateliers d'art de l'État à Moscou, Pevsner enseigne auprès de Malévitch, de Kandinsky et de Tatline un art qui prend le nom de « constructivisme ». En 1920, Pevsner placarde sur les murs de la ville un *Manifeste Réaliste* rédigé avec son frère : « L'art doit cesser d'être imitatif pour découvrir des formes nouvelles. »Travaillant la géométrie, la transparence, la construction et la transformation, le sculpteur retourne vivre à Paris où il élabore, dans les années 30, des sculptures dont le dessin est obtenu par rotation d'une ligne sur différents plans, autour d'un même axe. Adhérent des groupes *Abstraction-Création* et *Réalités Nouvelles*, Pevsner est reconnu et célébré dans les années 50.
• Cinq ans après la grande rétrospective que lui consacre le Musée national d'art moderne de Paris, Pevsner meurt, en 1962.
• Les musées d'art moderne de Londres, de Milan, d'Amsterdam, de New York, de Moscou et de Paris possèdent des œuvres de Pevsner.

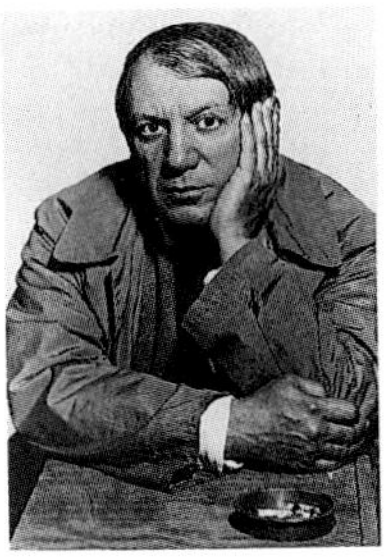

Pablo Picasso

• Peintre et sculpteur espagnol, né à Malaga en 1881.
• Fils d'un professeur de dessin, Pablo Picasso étudie en 1898 à l'académie de peinture de Barcelone.
• Installé à Paris en 1900, il dévore les collections des musées et fréquente les ateliers de nombreux artistes. En 1907, son tableau *Les Demoiselles d'Avignon* fait la synthèse des aspirations cubistes de Cézanne, expressionnistes de Van Gogh et primitivistes de Gauguin. Picasso devient le grand manitou de l'art du XXe siècle.
• Remettant perpétuellement en cause la définition de l'image, il s'adapte à chaque courant de pensée de l'histoire de l'art : il est cubiste de 1908 à 1912, puis néoclassique, surréaliste, expressionniste et finalement post-moderne. Renouvelant perpétuellement son inspiration grâce aux idées de ses prédécesseurs et de ses amis, Picasso utilise toutes les techniques (le collage, la céramique, la gravure sur cuivre, etc.) et en transgresse les usages. Tout au long de son œuvre, la figure humaine demeure le support de sa réflexion.
• Promenant son éclatante vitalité de corridas en expositions jusqu'à la fin de sa vie, en 1973 (à Mougins, dans le sud de la France), Picasso produit encore quotidiennement plusieurs œuvres à l'âge de quatre-vingt-dix ans.
• Si Barcelone et Paris (avec plus de 200 peintures et 150 sculptures) s'enorgueillissent aujourd'hui d'un musée Picasso, les collections d'art contemporain du monde s'estiment consacrées dès l'instant où elles détiennent au moins « un Picasso ».

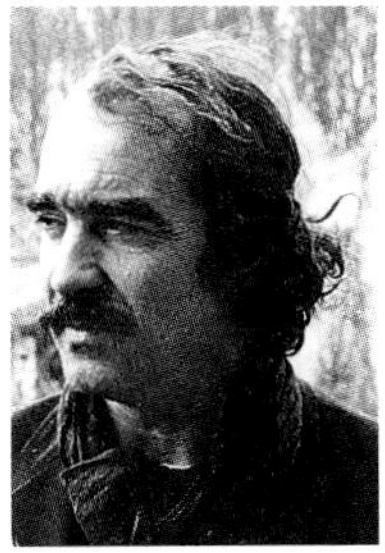

Jean Tinguely

• Sculpteur suisse, né à Bâle en 1925.
• Fils d'ouvrier, Jean Tinguely fréquente l'école des beaux-arts de Bâle de 1940 à 1944, après un apprentissage de vendeur peu concluant.
• Passionné par les assemblages de Schwitters et de Calder, il conçoit des sculptures mobiles motorisées, à partir d'objets récupérés et suspendus. Installé à Paris en 1952, Tinguely expose deux ans plus tard ses premiers mobiles à manivelles : les *Moulins à prière*.
• Dès 1955, Tinguely perturbe l'univers de la sculpture en y introduisant des formes en mouvement, actionnées par des moteurs électriques. Aux *Méta-Matics*, ses automates aux formes abstraites dont un bras dessine, succèdent des machines inutiles, agitées de soubresauts, constituées de déchets (les *Baloubas*). À partir de 1959, certaines des sculptures de Tinguely s'autodétruisent. D'autres crachent de l'eau, roulent sur le circuit des 24 heures du Mans ou envoient des ballons. De plus en plus monumentales, voir habitables, ses œuvres séduisent peu à peu les conservateurs de musées et les urbanistes de toute l'Europe, qui confient à Tinguely la réalisation de fontaines à partir de 1977. Certaines d'entre elles, comme l'*Hommage à Stravinsky* installé à Paris, sont réalisées en collaboration avec l'artiste Niki de Saint-Phalle.
• Tinguely meurt en 1991, deux ans après la rétrospective du Musée national d'art moderne de Paris.
• Les musées de Bâle, de Paris, de Stockholm et de Genève possèdent de nombreuses œuvres de Tinguely.

Glossaire

Art brut

Expression choisie par le peintre français Jean Dubuffet, en 1945, pour désigner toute forme d'expression d'une imagination riche, échappant au monde artistique et culturel traditionnel. Fous, marginaux, enfants et amateurs entrent depuis au musée, créé pour eux à Lausanne par Dubuffet.

Art conceptuel et art minimal

Art conceptuel est une expression née vers 1965 aux États-Unis pour définir un groupe d'artistes privilégiant l'idée plutôt que la matière. Ils accordent par conséquent une large place au langage. Certains d'entre eux préfèrent la formule *art minimal* pour souligner leur renoncement à l'illusion et au pathos. Donald Judd et Sol Lewitt, en particulier, travaillent sur l'uniformité et sur la neutralité.

Art pauvre

Expression choisie par le critique d'art italien Germano Celant vers 1970. À l'encontre d'une certaine modernité célébrant la technologie et la consommation, ce sont les matériaux naturels qui ont la préférence des artistes rattachés à ce courant, des installateurs la plupart du temps, comme Kounellis, Merz ou Zorio. Leurs œuvres mettent en scène des formes élémentaires dans des ambiances mystérieuses.

Assemblage

À l'encontre de l'œuvre classique, homogène, l'assemblage est une sculpture issue du rapprochement d'éléments différents (objets manufacturés, fragments d'objets ou formes façonnées dans des matériaux divers), fixés entre eux. Les artistes mettent à profit les tensions que produisent de telles rencontres.

Avant-garde

« Avancée hasardeuse dans des domaines d'expression mal définis », propose l'historien de l'art Marc Le Bot comme définition de cette expression d'origine militaire. Elle est employée à propos des arts plastiques du XXe siècle pour désigner les actions se donnant pour but de mettre à mal, par leurs audaces, les traditions et les conventions admises. L'emploi trop fréquent de ce terme lui a fait perdre de sa pertinence.

Bauhaus

École des arts et métiers allemande, fondée en 1919 à Weimar par l'architecte Gropius. Sous la direction d'artistes modernes, défendant les principes de l'abstraction et de la technologie, tels que Klee, Kandinsky ou Moholy-Nagy, les étudiants avaient accès à l'ensemble des disciplines artistiques et des nouveautés technologiques. Jugé décadent par certains politiciens parmi lesquels Adolf Hitler, le Bauhaus déménage à Dessau en 1929, puis à Weimar en 1933. Finalement fermée par les nazis, l'école s'exile aux États-Unis, à Chicago.

Bas-relief

Ouvrage de sculpture en faible saillie, taillé ou modelé en gardant un fond uni, incontournable. De tradition antique, le bas-relief, destiné originalement à décorer l'architecture, est peu employé au XXe siècle.

Cinétisme et op'art

Termes en vogue à partir de 1954, utilisés pour désigner l'œuvre d'artistes exploitant le mouvement sous toutes ses formes, physiques ou illusoires. Si Calder et Tinguely en sont les représentants les plus populaires, de nombreux autres sculpteurs, italiens, hongrois ou sud-américains, membres pour certains du *Groupe de recherches d'art visuel de Paris*, développent au XXe siècle les possibilités du cinétisme.

Constructivisme

« Tendance historique des abstraits russes des années 20, marquée par la radicalité des choix formels (simplification géométrique), la dimension architecturale et l'engagement socio-politique (c'est alors un art au service de la révolution) », propose le critique d'art Chrisophe Domino comme définition de cette expression (voir *L'art contemporain*, paru en 1994, aux éditions Scala dans la collection Tableaux choisis).

Cubistes

Groupe d'artistes qui, entre 1908 et 1912 surtout, inspiré par l'œuvre de Cézanne, cherche à décomposer la forme représentée en éléments géométriques. Si le cubisme est d'abord un mouvement pictural, très rapidement, il influence la sculpture. Elle explore jusque dans ses conséquences ultimes l'éclatement du volume et la mise en mouvement de la forme. Lipchitz, Laurens, Zadkine et Picasso sont parmi les plus célèbres sculpteurs cubistes.

Dada

Né en 1916, « Dada » signifie une attitude de révolte contre toute forme artistique. Le goût de la provocation, du dérisoire et de l'absurde caractérise les actions souvent théâtrales des membres de ce groupe, né à Zurich, et qui vit six ans. Le *ready made* de Duchamp en découle directement.

Expressionniste

Adjectif employé depuis la fin du XIXe siècle pour qualifier un art, figuratif dans un premier temps, indiquant par sa forme l'intensité des émotions ressenties par ses auteurs. Couleurs vives et graphismes torturés en constituent les signes essentiels, notamment évidents dans les peintures de Van Gogh, Schiele ou Rainer.

Futurisme

Groupe d'artistes italiens, fondé en 1909, reconnaissant au dynamisme et à la technologie un rôle majeur pour l'épanouissement du monde et de la sculpture modernes. Résolument tourné, comme son nom l'indique, vers le futur, ce mouvement qui préfère les voitures de course à la *Victoire de Samothrace* publie plusieurs manifestes.

Happening ou performance

Dans les années 70, les artistes du groupe *Fluxus* (notamment) proposent une nouvelle forme d'art total, collectif, combinant le théâtre, la musique, la poésie, la sculpture, la peinture, etc., souvent de manière violente ou provocante. On parle de *performance* lorsqu'il y a mise en scène et de *happening* lorsque l'improvisation domine.

Installation

L'installation est une mise en scène d'objets, souvent éphémère, dans un environnement muséal ou extérieur. Elle se caractérise par un décloisonnement entre des disciplines artistiques différentes (théâtre, musique, sculpture) et exige de la part des spectateurs une attitude active. Beuys est le représentant le plus médiatique de cette forme d'interventions, qui connait un succès énorme depuis le début des années 80.

Land Art

Terme apparu en 1969, désignant des actions visant à utiliser ou à transformer un lieu naturel, généralement à grande échelle. L'artiste sort de façon définitive du musée pour collaborer avec la terre elle-même. À la recherche de l'isolement et du grand espace, propre aux artistes américains (Smithson), s'oppose un travail sur des zones plus urbaines (Christo), ou très intimes (Goldsworthy) en Europe.

Mobiles et stabiles

Les *mobiles* réalisés par Calder dès les années 30 à partir de plaques et de tiges métalliques sont des sculptures qui renoncent au socle pour évoluer au bout d'un fil dans l'espace. Elles se meuvent au gré de courants d'air, d'impulsions électriques ou d'ordres électroniques. Calder crée également des *stabiles*, constructions métalliques en plaques découpées et rivetées, monumentales et fixes, inspirées par des carlingues de bateaux.

Modelage

Technique de sculpture consistant à produire une forme par ajout progressif de matière (plâtre, cire, terre, etc.). Les œuvres ainsi créées sont définitives, ou destinées à être moulées pour être reproduites (en bronze ou en matière synthétique). Cette technique a été particulièrement pratiquée au XXe siècle par Giacometti.

Moulage et tirage

Technique consistant à prendre l'empreinte d'une sculpture originale, à l'aide d'une matière souple (latex ou résine synthétique). Les parois du moule créé sont, traditionnellement, enduites de cire, puis remplacées par du métal en fusion. Une fois cuite et refroidie, la forme copiée s'appelle un *tirage*. Par extension, le terme de moulage peut aussi désigner l'empreinte d'objets réels, ou de corps humains, telle que la pratiquaient, dans les années 60, Segal et Klein, par exemple.

Pop-art

Célébrant l'objet de consommation courant, cet art né aux États-Unis en 1955 se veut populaire. Utilisant les techniques et les formats de la publicité, les pop-artistes sont la plupart du temps des « illustrateurs ».

Post-moderne

Dans la deuxième moitié du XXe siècle, l'euphorie occidentale issue de la révolution industrielle et de la société de consommation laisse la place à une attitude plus nuancée. Se réfugiant dans les jeux du langage et dans la mémoire collective, certains artistes ont le sentiment d'appartenir à la génération désabusée, mais ludique et cultivée, de la *post-modernité*.

Pygmalion

Sculpteur légendaire de Chypre, mentionné dans *Les Métamorphoses* d'Ovide (rédigées dans l'empire romain, au Ier siècle après Jésus-Christ). Pygmalion s'éprit d'une sculpture qui était son propre ouvrage. Elle représentait la nymphe Galathée, et il obtint de la déesse Aphrodite la vie pour la statue, afin qu'il puisse l'épouser.

Primitivisme

Courant artistique, né au XIXe siècle dans les œuvres de Gauguin essentiellement, qui s'inspire de formes issues de cultures non occidentales (Afrique, îles du Pacifique) ou populaires (enseignes, imagerie). Des artistes majeurs, comme Picasso ou Matisse, ont intégré le primitivisme dans leurs œuvres.

Nouveau réalisme

Terme choisi en 1960 par le critique d'art Pierre Restany, afin de désigner treize artistes vivant alors à Paris, s'appropriant des éléments du monde urbain et industriel pour en faire, dans la tradition du *ready made,* des œuvres d'art. Parmi eux, les assembleurs Arman, César, Tinguely, Niki de Saint-Phalle et Spoerri.

Ready made

Terme anglais signifiant « déjà prêt », inventé par Marcel Duchamp en 1912 pour désigner des objets industriels auxquels il confère un statut artistique simplement en les choisissant. Cette remise en question radicale de l'idée d'œuvre sera notamment reprise par les *pop-artistes* et les *nouveaux réalistes*.

Ronde-bosse

Expression traditionnellement utilisée pour définir la sculpture, afin de distinguer son « plein-relief » des formes du *bas-relief*.

Surréalisme

Groupe d'artistes réuni par le théoricien André Breton, à partir de 1922, ayant pour dénominateur commun le désir d'explorer, et d'exploiter l'inconscient humain. Par des rapprochements inattendus, par l'emploi d'objets étrangers au domaine de l'art, l'utilisation de visions de rêve et d'expressions automatiques, cette tendance, qui survit aujourd'hui, tente d'annexer des œuvres aussi différentes que celles de Giacometti ou de Miró.

Taille directe

Technique de sculpture consistant à dégrossir un bloc de bois, de pierre ou de tout autre matériau résistant. Millénaire, peu employée au XIXe siècle, la taille directe revient en force au début du XXe siècle parce qu'elle est assimilée à l'expression de la spontanéité, souvent associée au style primitif. Kirchner et Brancusi l'utilisent.

Bibliographie sélective

AGUILERA CERNI (Vicente), *Gonzalez*, Barcelone, Poligrafa, 1973 ;

Association des Conservateurs des musées du Nord-Pas-de-Calais, *De Matisse à aujourd'hui, la sculpture du XXe siècle dans les collections des musées et du Fonds régional d'art contemporain du Nord-Pas-de-Calais*, Paris, Asda, 1992 ;

BEARDSLEY (John), *Earthworks and Beyond*, New York, Cross River Press, 1989 ;

CALDER (Alexandre), *Calder, Autobiographie*, Paris, Maeght, 1972 ;

DAVAL (Jean-Luc), LE NORMAND-ROMAIN (Antoinette), PINGEOT (Anne), HOHL (Reinhold), ROSE (Barbara), *La Sculpture, l'aventure de la sculpture moderne, XIXe et XXe siècles*, Genève, Skira, 1986 ;

La Collection, Paris, Musée national d'art moderne, 1987 ;

FRANCASTEL (Pierre), *Art et technique*, Paris, Minuit, 1966 ;

GIEDION-WECKLER (Carola), *Antoine Pevsner*, Neuchâtel, éditions du Griffon, 1961 ;

HAMMACHER (A.M.), *Jacques Lipchitz*, New York, Harry N.Abrams, 1975 ;

MAILLARD (Roger, sous la direction de), *Nouveau Dictionnaire de la sculpture moderne*, Paris, Fernand Hazan éditeur, 1970 ;

MONNIN (Françoise), *Le Collage*, Paris, Fleurus, 1993 ;

PASSUTH (Krisztina), *Moholy-Nagy*, Paris, Flammarion, 1982 ;

POPPER (Frank), *L'Art cinétique*, Paris, Gauthier-Villars, 1970 ;

READ (Herbert), *Modern Sculpture*, Londres, Thames and Hudson, 1964 ;

SPIES (Werner), *Les Sculptures de Picasso*, Clairefontaine, Lausanne, 1971 ;

TRIMM (Thimothée), *Henry Moore intime*, Paris, éditions du Regard, 1992 ;

WITKOWER (Rudolf), *Qu'est-ce que la sculpture ?*, Paris, Macula, 1995.

Catalogues

Arp, Paris, Musée d'art moderne de la Ville, 1986 ;

El Lissitzky, Paris, Musée d'art moderne de la Ville, 1991 ;

Giacometti, Paris, Musée d'art moderne de la Ville, 1991 ;

Hausmann, Saint-Étienne, Musée d'art moderne, 1994 ;

Laurens, Villeneuve-d'Ascq, Musée d'art moderne, 1992 ;

Joseph Beuys, Paris, Musée national d'art moderne, 1994 ;

Kurt Schwitters, Paris, Musée national d'art moderne, 1994 ;

L'Ivresse du réel, Nîmes, Carré d'art, 1993 ;

Naum Gabo, Neuchâtel, éditions du Griffon, 1957 ;

Qu'est-ce que la sculpture moderne ?, Paris, Musée national d'art moderne, 1986 ;

Tinguely, Paris, Musée national d'art moderne, 1989.

Crédits photographiques

© ADAGP, Paris, 1995 : couverture et pp. 6, 7, 14h, 18hd, 20g, 20h, 22b, 22hg, 24, 26, 27, 30hg, 30d, 32bd, 32g, 32hd, 39b, 40, 41, 43h, 45h, 48d, 50, 52, 53, 54, 56, 58, 59, 60b, 69g, 70b, 72, 74, 75h, 76, 78bd, 78g, 80b, 80g, 80h, 86bd, 86g, 87, 88, 90h, 91, 92h, 94b, 96b, 98, 100h, 101, 102, 103b, 110, 111, 112
AGPM, Montardon : p. 109h (Piollet)
Archives Denyse Durand-Ruel, Rueil Malmaison : pp. 48g (Morain), 94bg (Routhier), 94bd
© Axel Cassel, Saint Martin de Bienfaite : p. 55b
Centre d'art contemporain, Domaine de Kerguehennec : pp. 13h, 103h
Centre d'art contemporain, Vassivière : p. 106b (Hoepfner)
© Christo et Jeanne Claude, New York : pp. 104 (Volz), 106h (Volz)
Documentation du Musée national d'art moderne, Centre Georges Pompidou, Paris : pp. 25h, 41, 51, 52b, 53h, 57, 67, 73, 83, 89, 99
D.R. : pp. 30b, 32g, 32bd, 59hg, 62g, 71, 93b, 100h, 105, 108b
Dallas Museum of Art, Edward S. Marcus Memorial Fun, Dallas : p. 20hg
DAP, Paris : pp. 22b, 96h
© De Biasi : p. 107b
Éditions Scala, Paris : pp. 6-7 (Breton), 8h (Faujour), 16g, 16hd, 35, 39g
Fondation Maeght , Saint Paul-de-Vence : pp. 10 (Germain), 90h
FRAC Acquitaine, Bordeaux : p. 45 ((Delpech)
© Galerie d'Art du Faubourg, Paris : p. 92h
© Galerie J G M., Paris : p. 45h
© Galerie Daniel Malingue, Paris : pp. 69b, 86h
© Galerie Philip, Paris : p. 78g
Henry Moore Foundation, Much Hadham : pp. 84b, 85
© Jacques-Yves Gucia, Paris : pp. 9b, 10h, 11, 59b, 62bd
Moderna Museet, SKM, Stockholm : p. 70b
© Françoise Monnin, Paris : p. 61
Musée Cantini, Marseille : p. 101
Musée d'art moderne, Villeneuve d'Ascq : p. 12h (Lerouge)
Musée de Grenoble : p. 22hd
Musée des beaux-arts et de la dentelle, Calais : p. 20b
Musée Maillol, Paris : p. 14h
Musée national d'art moderne, Centre Georges Pompidou, Paris : pp. 16b (Migeat), 18g, 20g (Migeat), 22h, 24, 26h, 26b, 27, 28, 29h (Migeat), 29b, 30hg, 30hd, 32hd, 34, 39d (Migeat), 40 (Migeat), 42h (Migeat), 42b (Migeat), 44 (Migeat), 46g, 46bd (Migeat), 48bd, 50, 52h, 53b, 54 (Hatala), 56, 58, 60h (Migeat), 60b, 62hd, 64hd, 64hg, 64b, 66, 68 (Migeat), 69h, 70h (Migeat), 72, 74, 75h (Migeat), 75b (Migeat), 77d (Migeat), 78d (Migeat), 78b (Migeat), 80h, 80g, 80b (Migeat), 82, 86b (Rzepka), 87, 88 (Migeat), 90b (Migeat), 91, 92b, 94h (Migeat), 94g (Migeat), 96b, 98, 100b (Migeat), 102b (Migeat), 110, 111, 112, 113
Museum of Modern Art, New York : pp. 43, 46hd, 84h
© Ludwika Ogorzelec, Le Blanc-Mesnil : p. 55h
Palais Idéal, Hauterives : p. 96hd (Da Costa)

© Anne et Patrick Poirier, Ivry-sur-Seine : p. 103b
Réunion des musées nationaux, Paris : pp. 12b, 14bg (Lewandowski), 14bd (Lewandowski), 36h (Blot), 37, 38h, 38b
Salomon R. Guggenheim Museum, New York : p. 76h (Mates)
© Christian Sarramon, Paris : pp. 9h, 108h
© SPADEM, Paris, 1995 : pp.12b, 34, 36, 37, 38, 43, 48bd, 62bd, 62bg, 64hd, 70h, 90b, 100b
Stedelijk Museum, Amsterdam : p. 18h
Stedelijk Van Abbemuseum, Eindhoven : p. 48h
© Succession Henri Matisse, Paris, 1995 : 16b, 18bd
Ville de Chalon-sur-Saône : p. 77g (Petit)

Maquette et composition : Jérôme Faucheux
Conception graphique : Maxence Scherf
Corrections : Noémie de la Selle
Photogravure : Daïchi
Impression : Arti Grafiche Gajani, Rozzano - Milan
Février 2002
Dépôt légal : Novembre 1995